ぼくはのっぽの大リーガーだった

前世記憶をもつ野球少年の、真実の物語

キャシー・バード 著
釘宮律子 訳

ナチュラルスピリット

THE BOY WHO KNEW TOO MUCH
by Cathy Byrd

Originally published in 2017 by Hay House Inc,. USA

Japanese translation published by arrangement with Hay House UK Ltd.
through The English Agency(Japan)Ltd.

シャーロットとクリスチャンへ
どうか人生をつねに
大胆なアドベンチャーとして見てくれますように。

ぼくはのっぽの大リーガーだった　目次

まえがき

熱心な読書家として、百五十を超える本の共著者として正直に言えますが、あなたが手にしているこの本は、私が出合った中で最高に変容力があり、考えさせられる一冊です。『こころのチキンスープ』シリーズの共著者として、本の推薦文を書いてほしいという依頼は数えきれないほど頂くし、私はそういった依頼を軽々しく受けることもしません。だからそういった中で、薦めざるをえないという気になる本はとても少ないのです。しかしこの本は並外れていました。最初から最後まで夢中でページをめくりつづけただけでなく、会った人皆に話さないではいられなかったのですから。あなたはこれから、永遠に死生観が変わってしまうかもしれない、驚くべき旅に出ようとしています。

一見したところ、キャシー・バードの物語はありえない話に思えるかもしれません。実際、彼女自身にとってもそうでした。しかしこの話がこれほどまで読む人を引きつけるのは、キャシー・バードがキリスト教徒であり、以前は輪廻転生をまったく信じていなかったという点にあります。幼い息子が前世で野球選手だったことについて語り、母はその内容を理解しようとして、奇跡のような旅を歩んでゆく。あなたはその道のりをたどるにつれ、この惑星での生《せい》の前後の生について、自分の信じていることをぎりぎりまで考察することになるでしょう。けれどもそれ以上に、自分の直観を大切にし、生活の中で子供の話に耳を傾け、無制限に愛し、享受する一日一日を大切にしようという気にもなるでしょう。この本には、複数の本が入り混じっているのがわかるかと思います。これは輪廻転生についての本であり、子供の言うことに深く耳を傾けて信頼することを学ぶ本であり、野球の本であり、そして宇宙が私たちの意識を拡大させるべく、いかにいろいろなことを絶えず手配し、起こしているかについての本なのです。

誰もが無限の霊的存在であり、地球で一時的な経験をしているのだと私はずっと信じてきました。そして本書は、この壮大な考えに対する力強い証明となる一冊です。魂が一度ならず生《せい》を生きるという考えに私が初めて出合ったのは、十六年前のことです。キリスト教徒の家庭に育った私にとって、これはまったく新しい考えでしたが、どういうわけか真実のように思えました。マサチューセッツ大学の大学院に在学中、教授からレイモンド・ムーディの『かいまみた死後の世界』(評論社)をもらい、後にはヘレン・ワンバックの〝Life Before Life(生以前の生)〟(未邦訳)をもらい、その両方により、私が過去生を信じる思いはいっそう強まりました。それ以降、鮮明に過去生を思い出す経験を何度かしていて、ひとりでに浮上してきたこともあれば、心理学者の助けで思い出したこともあります。それに、このテーマに関する学術書も多数読んできました。

だからキャシーとその息子、クリスチャン・ハープトの話は意外ではありませんでした。それなのに、すっかり魅了されてしまったのです。ある子供の過去生記憶が次第に明かされていき、懐疑的な母親がそれを次第に受けいれていく様子を、これほど長く、見事に、正直に、そして包み隠さず書かれたものは読んだことがありませんでした。物語の途中には予想外の展開が多々あるので、これ以上の詳細は明かしたくはありません。すべてのミステリアスな展開を、あなた自身が味わうのを損ねてしまってはいけないから。

私に言えるのは、この物語があらゆるレベルで――親として、霊性の探求者として、野球ファンとして――あなたに触れるだろうということです。ルー・ゲーリッグは野球史に残る真のレジェンドですが、彼と母親との関係や、この母子とベーブ・ルースとの関係はとにかく興味深いものがあります。ゲーリッグ母子とベーブ・ルースの関係について、あなたがすでにどれほど知っていようとも、彼らの人生についてもっと知ることになるでしょう。

十年以上ロサンゼルスに住んでいた野球ファンとして、私はロサンゼルス・ドジャース元監督、トミー・ラソーダにつねに憧れていたし、マーク・ビクター・ハンセンとともに『野球ファンのための、こころのチキンスープ』（未邦訳）を書いて以降はなおのことでした。しかし彼がいかに素早くクリスチャンを天才野球少年だと見抜いたか、そしてあらゆる美しいかたちで、クリスチャンやその家族を友としてサポートしたかを読んで、彼の可愛らしい優しさや深い人情について、いっそう知ることとなりました。

私が幸運にもキャシーと出会ったのは、彼女が自身の本への短い推薦文を書いてほしいと、メールで依頼してきたときです。本を読んだ後、私はぜひとも熱烈な推薦文を書こうと思い、そうしました。数週間後、彼女は私が指導するマウイ島での少人数ワークショップに、申しこむことにしました。そしてワークショップでの五日間で、私たちは皆彼女のことが大好きになってしまったのです——その情熱、熱意、人生への愛、ユーモア感覚、偽りのなさ、正直さ、学習意欲、自分のミッションへの献身的姿勢、ワークショップ参加者それぞれへの真摯なサポート、そして見たところ無限のエネルギーに。

マウイ島から戻って一週間後、キャシーから、本のまえがきを書くことを考えてくれないかと連絡がありました。もともとはウェイン・ダイアー博士が書くことを想定していたのに、運命がそうさせてくれなかったというのです。ウェインはキャシーと息子のクリスチャンに、ヘイハウス社の作家ワークショップで二〇一五年六月に出会っていました。亡くなる二か月前のことです。そして彼もまた子供の過去生記憶というテーマに情熱を燃やしていたので、あなたが今読もうとしているこの本の一大サポーターになりました。

キャシーに会ったときのウェインは、遺作となる本〝Memories of Heaven（天国の記憶）〟（未邦訳）の最終仕上げをしているところでした。この本は、天国の記憶を携えてここにやってきた世界中の子供たちについての話を伝え、魂は決して死なないという考えを補強する記憶を編纂したものです。ウェインと共著者のディー・ガーネスは、幼児にまつわる個人的な秘話を何千件も集めていました。この旅のために両親を選んだ記憶から、自分にしか見えない目には見えない友だちがいること、過去生の記憶、神と対面したことなど、内容は多岐にわたります。『天国の記憶』に収められた数々の体験は、私たちが五感で知覚できるよりはるかに偉大な、無限の霊的領域を知る手がかりを与えてくれます。

八人の子供の父親だったウェインは、過去生記憶を携えてこの世にやってきた子供とふれあう体験を、個人的にしていました。娘のセレーナはよちよち歩きのとき外国語でしゃべり、自分の〝別の〟家族についてよく話し、飛行機が爆弾を落として自分の村が壊滅させられる話を、鮮明に語っていました。ウェインはこういう奇妙なことをわが子の口から耳にしたことで、私たちは皆、過去生の記憶や体験を携えてここにやってくると確信したのです。

ウェインの死後に出版された遺作のテーマが天国だったのは、決して偶然ではないと思います。ここに『天国の記憶』から、子供の過去生記憶に関するウェインの考えを抜粋します。

〝生まれる前の生《せい》〟という事実を暗示する証拠は増加しており、厳格な科学的精査を受けているところです。今やこの考えは、本現象を深く研究した人々によって、立証可能な結論なのです。子供たちは単に、遺伝子構造や身を置く環境によって形成される生物的な存在ではないと、私はずっと考えていました。彼らは過去の人生を生きたときに得た知恵や、多数の経験を携えてやってくる、元来霊的な存在なのです。

私たちの本質は明らかに、自分が宿るこの肉体ではありません……。子供たちが伝えることから推察できるのはただ、私たちの魂は不滅だということ、そして依然として神秘に包まれたかたちで時空を超えるということだけです。

あなたの人生にいる幼い子供を、ぜひ天国からの到着者として見てはいかがでしょうか。彼らの回想について質問をして、コミュニケーションをとってみましょう。何より、彼らの言うことがどんなにばかげて聞こえようとも、はねつけないこと。自分自身を先生と見なすより、むしろ子供にその役を引き受けてもらって、会話に引きこむ努力をしてみましょう。彼らが教えてくれるかもしれないことを何であれ聞き出して、純粋な興味を抱くことで、好奇心旺盛で熱心な聞き役になりましょう。

理解しがたい不思議な言葉を伝えるちびっ子たちが、その子なりの真実を語っているということに気づくように。こういった〝奇妙な〟天国の記憶について彼らが示す正直さと興奮ぶりから、あなた自身もかつては小さな子供だったのだと思い出しましょう。そしてその小さな子はつねに、あなたの中にいるということを。

ウェイン・W・ダイアー博士

本書が教えてくれているように、重要なのは、幼い子供の口から出てくるこういった記憶を決してはねつけたり、疑ったりしないことです。そして、マーク・トウェインのこの有名な所見を、念頭に置いておくことです――「知らないから厄介が起こるのではない。間違っているのに知っていると思いこむからだ」

それはそれとして、マーク・トウェインはこの本が大好きだろうと思います。私もそうですし、きっとあなたも大好きになるだろうと確信しています。キャシーの話はときどき信じがたくもありますが、すべてが真実です。もしあなたにその気があれば、生《せい》の摩訶不思議な神秘へのありがたみが、内に呼び覚まされるかもしれません。決して完全には理解できない、ただ驚嘆し不思議に思うしかできないことだらけの、そんな壮大なアドベンチャーへのありがたみが。

さあ、そろそろゆったりと座ってリラックスしてください。キャシーの驚くべき感動的な物語を、ぜひご堪能いただくとしましょう。

ジャック・キャンフィールド
ニューヨーク・タイムズ紙ベストセラー、
『こころのチキンスープ』シリーズの共著者

はじめに

「子供っていうのは、突拍子もないことを言うものだ！」とは、アート・リンクレターの一九六〇年代の人気テレビ番組、『パーティ・ハウス』の一コマです。幼少期の才能のひとつに、たくましい想像力が挙げられますが、アートの番組ではそれを踏まえて、洞察に溢れた、往々にしてとても笑える素材が、数十年にわたって着々と放送されました。

幼児の口から出てくることを受け流すのは簡単ですが、そういう〝突拍子もないこと〟をもっと思慮深く気にかけると、ときに水面下の無垢な英知が明かされることがあります。あなたがこれから読もうとしているこの興味深い物語に似たような話は、世界中の家族が個人的に多々知っています。しかし現代社会においては、たいていの家族が嘲りを受けないために、そういった話を内輪だけに留めてきました。この物語はクリスチャン・ハープトという幼い子供の過去生記憶を伝え、私たちが地上で一度ならず生きるという、意外な可能性を示しています。しかし〝意外〟というのは相対的な言葉です。というのも世界中の素晴らしい信仰の多くが、輪廻転生の可能性を受けいれているからです。

脳神経外科医として、私は脳と思考、そして意識の研究に従事してきました。そして五十四歳のとき、その関係性が理解できかけたと思いました。ところが二〇〇八年十一月、私の全世界観が突然バラバラに崩壊したのです。重篤な細菌性髄膜炎で主治医から回復の見込みなしとされ、一週間昏睡状態に陥った後のことでした。

なぜかはわかりませんが、私はありがたくも数か月で全快しました。しかし脳と意識の関係について、知っていると思っていたすべてを再考せざるをえないことに気づきました。私のジレンマと初期の解決は、『プルーフ・オブ・ヘヴン――脳神経外科医が見た死後の世界』（早川書房）にまとめていますが、昏睡状態での霊的な旅で得た豊かな体験を説明するという究極の挑戦は、脳の物理的働きだけを根拠にしては成り立たなかったのです。何年もかけて――二冊目の著書、『マップ・オブ・ヘブン――あなたのなかに眠る「天国」の記憶』（早川書房）で伝えているように――、私たちの認識は一部でも肉体の死後も存続するのかどうかを理解することにおいて、科学界全体が、似たような挑戦を経ていることが明らかになってきました。どうやら意識は宇宙の主要成分であり、物理的領域として目撃される現実すべての出現につながるようなのです。

これは今日の科学の時代におけるきわめて重大な事実ですが、意識の性質に対する新たな見解では、輪廻転生の可能性を受けいれています。またそれだけでなく、輪廻転生が人間体験の多くを説明する、最大の可能性を提供しているとも示唆しています。これがとくに明白なのは天才児の事例ですが、本書で登場するクリスチャン・ハープトも、じつに幼い頃から非凡な野球の技能を示しています。輪廻転生は、幼少期に多くを生み出した作曲家のウルフガング・アマデウス・モーツァルトや、世界クラスの数学者であるシュリニヴァーサ・ラマヌジャンをはじめとする、並外れた天才の説明にもなるかもしれません。

これを、〝超常現象〟で定番の話として、あっさり退ける人もいるかもしれません。しかし子供の過去生記憶を含む、意識の性質に対する現代の科学的調査では、むしろ改めるべきは単に、自然界に対する私たちの理解であるとほのめかしています。現実の基本的性質を量子力学で実験して現れた神秘的な事実について、サー・ジェームズ・ジーンズも熟考のうえ雄弁に述べているように、物事の自然的秩序は、意識がこの領域の〝創造主であり統治者〟であるということに増々当てはまるように思えてくるのです。

幼い子供が、それもおしゃべりを始めたばかりの幼児が、今の現実と何の関連もない出来事について話しだすと、ときに家族は驚き混乱します。彼らが見たと伝える夢は、一見かなり異質な状況や場面のものです。事例研究では、子供が発話や行動で示す具体的な出来事は、ごっこ遊びのように見えても、当人は本当だと言い張ることが明らかになっています。子供によっては別の親がいたとか、他の場所に住んでいたとか断言し、無視できないほど感情を高ぶらせてしゃべることもよくあります。そういった主張を受け流す親もいますが、（クリスチャンの母、キャシーのように）、気にかけて説明を探す親もいます。

一九六七年にバージニア大学（ＵＶＡ）の精神科の主任だったイアン・スティーヴンソン博士が、同大学内に知覚研究所（ＤＯＰＳ）を設立して以降、ＵＶＡ医学部の勇気ある科学者たちは、クリスチャンのような事例を研究しつづけています。そして過去五十年にわたり、ＤＯＰＳは過去生を思い出す子供の事例を二千五百以上調査し、証拠記録を残しています。この研究は近年、ＤＯＰＳの所長であるジム・タッカー博士によって引き継がれており、本書でも彼がクリスチャンの事例の調査に携わっているのがおわかりになるでしょう。

こういった事例を調査する科学者たちは、具体的な記憶について子供に細部にわたってインタビューをし、その情報の有効性を他の出所から立証するようです。一般的に対象となるのは、とくに親をはじめとする家族から聞くなど、子供の思い出す過去生記憶が、典型的な方法では知りようがなかったという事例です。このような記憶を発見する理想的な年齢層は、二歳から六歳までです。その子が当該情報を社会に触れて得た可能性を最小限に抑えるには、年齢が低ければ低いほど良く、一般的に、八歳を過ぎるとこういった記憶は薄れてしまっています。

このような調査では、有名人の記憶が含まれる事例は避ける傾向がありますが、それは本やインターネットからその人の情報を幅広く入手しやすいので、不正の可能性が高まるからです。ですから、報告されたつながりの現実性を裏づける決定的かつ立証可能な情報を、その子が通常の方法では知りようがないような、なるべく無名の事例を科学者は好むのです。したがって、有名人が含まれる事例であっても、普通の情報源からは知りにくい地味な事実が求められます。驚いたことに、本書では全体をとおして、そういった地味な事実が多く明かされているのです。

本書は、子供の中にある過去生記憶の現実性を力強く実証しています。しかしそれ以上に重要な贈りものは、輪廻転生が単に個々の魂のというよりも、魂のグループとしての進化に関係している、という考えを裏づけている点です——どうやら私たちは、自分の魂のグループにとって継続中の教訓を学びつづけるために、同じグループのメンバーとともに転生する傾向があるのです。これは魂の移行時に愛する故人の魂が現れるということに関して、じつに多くの臨死体験や、死に際で見えることの中心テーマを継ぐ考えです——つまり私たちは皆一緒に生きていて、愛する故人とのつながりは、肉体の死で終わるわけではないということです。この愛の絆こそが、さまざまな人生を通じて私たちをくり返し引きあわせるものなのです。

クリスチャンの母、キャシー・バードは、批判的な反応によって自分自身と（子供たちの）心の平和を危険にさらす可能性があるにもかかわらず、このじつに個人的な家族の話を惜しみなく公開しており、その勇気は多くの人々が認めるところでしょう。結局のところ、私たちはこういうことを心のどこかで信じていて、だからこそそれが挑まれたと思うと強い情熱や反応が沸きあがるのです。

本書が最も深遠な効果を与えるのは、似たような経験を誰かに話してもいいのだという許可を人々に与えることではないでしょうか。そういった体験が示唆するのは、私たちが肉体よりはるかに偉大だということ、そして私たちの存在は現在の自分が想像しうるよりずっと大きな目的を果たせるのだということです。

さあ、それではお楽しみください。幼いクリスチャン・ハープトとその母親の並外れた実話を。そして彼らの物語や、これに似た話が全人類の存在に対して示唆する驚異的な可能性を。愛のつながりによる豊かなタペストリーに織りこまれた、人生におけるより大きな意味と目的へと扉がひらくでしょう！

エベン・アレクサンダー
医師、脳神経外科医、
『プルーフ・オブ・ヘヴン』『マップ・オブ・ヘブン』著者

第1章

野球フィーバー

「誕生は眠りと忘却にすぎない
我々とともに昇る魂、我々の生命の星は
かつてどこかで沈み
そしてはるか彼方よりやってきたのだ」
ウィリアム・ワーズワース

野球では何だって起こる。

六歳の息子が抱くアメリカの国民的娯楽に対する異常な愛着の結果、私が野球ファンになってから三年半が経つ。あの始球式での投球が評判になった後、きっと数えきれないほど多くのリトルリーグ・ママたちに知られた話だ。母親なら誰だって、わが子がメジャーリーグに入れる百万人にひとりの逸材だと信じたいものだ。でも、これはそういう話じゃない。一九二〇年代から三〇年代にかけての奥深い野球史に私たちの目をひらかせ、今生で真に重要なのは、他者の人生に起こす変化だということを皆に示してくれた、ひとりの少年の物語なのだ。

私たちの息子、クリスチャン・ハープトが五歳のとき、ロサンゼルス・ドジャースの代表から電話がかかってきた。わが家に来て息子の野球アドベンチャーについて、本人にインタビューしたいというのだ。やっとTボール〔訳註：ティーに乗せた球を打つ、子供用の野球遊び〕ができる年齢の少年のお手柄を、メジャーリーグの球団が記録したがるなんて奇妙に聞こえるかもしれない。けれど、テレビ放送されたその五分間のドキュメンタリーよりはるかに興味深いのは、彼がそれまでの二年間こっそり打ち明けていた、自分が別の人生で〝のっぽの野球選手〟だったことにまつわる話だ。私たちはそれを、ごく近い親友と家族にしか話してこなかった――これまでは。

クリスチャンが野球をする数々のユーチューブ動画は、彼が五歳の誕生日を迎えるまでに五百万以上の人に視聴されていた。けれど私たちの旅が本格的に始まったのは、最初に投稿した動画が偶然にも、俳優でありコメディアンの、アダム・サンドラーの目にとまったときだ。運命の奇妙ないたずらで、当時二歳の息子が野球ボールを打ったり投げたりする動画をアップロードしてからまもなく、気づけば私たちはボストン行きの飛行機に乗っていて、映画『俺のムスコ』でクリスチャンが野球少年を演じるシーンの撮影に向かっていた。この思いがけなくもラッキーなボストン旅行が、二歳の息子が抱く野球への情熱の深さを、真に理解する転機となったというわけだ。

　クリスチャンの野球愛は、まだ彼がおむつをしていた頃のこと、彼の姉のシャーロットがTボールする傍らで始まった。初めて本物のリトルリーグの試合を見るなり、彼は八歳や九歳の選手たちを、レーザー光線さながらの集中力で観察し、毎日その動きを何時間もまねしていた。よちよち歩きの子供が脚を大きくキックしながらボールを投げたり、バットをクルクル回してホームベースをドンと叩いて、それから力いっぱいスウィングしたりするのを見るのは楽しかった。見たがる人がいれば、彼は喜んでそれを披露した。また自分が野球モードのときは、ベースボール・コンラッドと呼ばれたがった。ベースボール・コンラッドというのは、彼が自分のミドルネームであるコンラッドを入れてつくりあげた、もうひとりの自分のことだ。そのほとんどは私たちに大きな喜びをくれる、愛おしい楽しみだった。とはいえ、忍耐が限界に達したこともある。

　息子は歩けるようになると、どこに行くにも小さな木の野球バットを持ち運ぶようになった。二歳になる頃には、野球ユニフォームの上下を着てスパイクを履くと毎日言い張った――熱い夏の真っただ中でもだ。空に白い線が見えるときまって興奮して空を指さし、「見て、ママ！ベースラインだ」と言った。トルティーヤチップを食べると、「ホームベースみたい！」と言った。あるときはバスルームの床に白い長方形のナプキンが落ちているのを見て、「かっこいい！ ピッチャーのマウンドだ」と感心した。もしロールシャッハ検査をしたら、クリスチャンには人生が野球に見えていたことだろう。

夫のマイケルと私は、幼児の頃のシャーロットがディズニーのお姫さまに夢中になる段階は見てはいたが、クリスチャンの場合はそれとは違った。おもちゃにもテレビにも興味がなく、ママと一緒の幼児教室でも、他の子供たちとふれあうことはほとんどなかった。皆は同年代の子たちとシャボン玉遊びをしたり、積み木の塔をつくったりしているのに、彼は私を運動場に引っぱっていき、ボール投げをするといった具合だったのだ。一番戸惑ったのは、私たちがその異常なまでの野球への関心をそらせようと試みると、本人がいっそう頑なになったという事実だ。家の中でも外でも、それこそ日中は一分ごとにボールを投げてとひっきりなしに頼んでくるのには、夫婦そろってとにかく疲れた。毎日のように朝昼夕と野球をしても、彼はもっとしたいとせがんできたのだ。野球が彼の頭から離れない日は一日だってなかった。あるときはいとこたちとの親族写真を撮るため、野球シャツを脱がせてボタンダウンのシャツを着せようとしたら、彼はひどく大泣きし、結局は真っ赤に泣きはらした目で野球シャツのまま写真に写った。マイケルと私は、彼の野球への情熱は強迫神経症スレスレではないかと心配した。

二〇一一年の夏、マイケルがロッキード・マーティン社のコンサルティングを一時的に引き受け、ダラス・フォートワース空港に毎週出張しなくてはならなくなった。私の仕事は住宅不動産業なので、自宅で仕事をしたり、必要があれば客との予約にも子供たちを連れていったりして、フレキシブルに働けた。でもこの綱渡り操業も、マイケルが週に五日いないとなると大変だった。子供たちを引っぱって物件を見せにいく前に、毎朝地元のリトルリーグ球場で、ふたりと二、三時間野球をしていたのだから。そして何時間球場にいようとも、最後はかならず同じなのだ——足をばたつかせて「もう一回」と叫ぶクリスチャンを、私がアメフトさながらに腕に抱えて車に連れていくのだ。そんな格闘の後は当然、彼は座席でシートベルトをされるとたちまちぐっすり眠った。

「どうして続けるの？」。家に戻る短い道中で、シャーロットがしょっちゅう聞いた。「帰るとき絶対に泣くってわかりきってるのに」

彼女の言うとおりだ。なぜあえて？　でも私を球場に戻ってこさせたのは、クリスチャンがベースボール・コンラッドになっているときの、あの否みようのない情熱だったのだ。

マイケルのダラス滞在中、私の十五年来の親友シンシアが、ロサンゼルス・ドジャースの試合に招待してくれた。基本的に野球が存在しないドイツで生まれ育った夫は、クリスチャンの野球愛につきあうのに苦労していたこともあり、仮に家にいたとしても、一緒には来なかったかもしれない。私は南カリフォルニア出身なのにもかかわらず、これが初めてのドジャースタジアム訪問だった。もっと言えば、初めてのメジャーリーグの野球観戦だ。シンシアはマッサージ師として長年ロサンゼルスのスターたちに定評があり、スポーツの試合や授賞式、そして特別なイベントなどのチケットを、ちょくちょく客からもらっていた。二十から三十歳代の初めにかけて、シンシアと私はロサンゼルスでおこなわれる大きなスポーツイベントや、映画のプレミアショウ、そしてコンサートに片っ端から顔を出していた。私たちの社交的イベントはその当時からすればかなりペースを落としていたものの、ひとつ変わらなかったのは、ふたり一緒だとどうやら楽しいことがついてくる、という点だった。

〝シンシアおばさん〟は、シャーロットとクリスチャンを、特別な気分にさせるコツを心得ていた。誕生や洗礼のときなど、これまでふたりの人生にとって意味深い出来事には、かならず居合わせていたので、クリスチャンのドジャースタジアム初入場に同行するのもふさわしいことだった。まさかロサンゼルスのダウンタウン中心にある築五十年のスタジアムが、私たちにとってわが家のような場所になるなんて、そのときは知る由もない。ドジャースタジアムにつくと、シンシアはまずシャーロットとクリスチャンにプレゼントを買うために、お土産店に連れていってくれた。シャーロットがぬいぐるみに夢中になっている合間に、クリスチャンはドジャースのユニフォームを着て、ドジャース選手たちの等身大マネキンの横で誇らしげにポーズをとり、写真を撮ってもらった。その後、私たちはシンシアの案内で、高級な〈ドジャー・スタジアム・クラブ〉に行き、そこで観戦し、テーブル席でグラウンドを眺めながらランチをとった。クリスチャンはグラウンド上での選手の動きにすっかり心を奪われ、試合の間ずっとほとんど身じろぎもしなかった。滅多にじっと座っていることのない子供にしては、とにかくありえないことだ。あんなに真剣で無言になる息子はそれまで見たことがなかったが、本人は明らかに、この体験を楽しんでいた。

試合の後は、シンシアに連れられて、〈ダッグアウト・クラブ〉というドジャースタジアムの会員制レストランに行った。シンシアがシャーロットにシャーリー・テンプル［訳註：スプライトとシェリーシロップのドリンク］をごちそうしている間、クリスチャンは私が見つけたひと気のない廊下に行き、お土産に買ってもらった十八インチの新品バットで、スポンジボールを打ってエネルギーを発散していた。

「おたくの坊ちゃんは、左利きのなかなかいいフォームが自然にできている」と、親切な男性が立ちどまって言い、その日に手に入れた試合ボールをクリスチャンに手渡して、廊下の奥を指さした。「もうすぐドジャース選手たちがあのドアから出てくる。ちゃんと丁寧に頼めば、きっとボールにサインしてもらえるよ」

するとそのとおり、選手たちがドアから次々に出てきて、エレベータのほうに進んでいった。二十歳代の優しい選手――後にそれはスター外野手のマット・ケンプだと知る――が、立ちどまってクリスチャンにハイタッチをし、ボールにサインをしてくれた。この日はクリスチャンにとって紛れもなく人生最高の一日となり、彼は本格的にとりこになった。

二週間後、クリスチャンと私は試合のない日にスタジアムを見学するために、再びドジャースタジアムに行った。クリスチャンにとって一番の盛りあがりは、あの日ドジャース選手たちが腰かけていたベンチに座り、グラウンドの赤土の上で転げまわったことだ。彼はその赤土を愛おしそうに「ドジャーの土」と呼んだ。見学ガイドから、グラウンド周囲のダートトラックでバッティングとピッチングをする許可をもらうと、クリスチャンは大はしゃぎした。

このときには私も小さなスポンジボール投げの達人になっていたので、彼にボールを投げながら、どうにか同時にビデオを撮ることができた。彼が小さな木製バットで球を次々と観客席に打ち放つにつれ、同じ見学グループの人たちが声援をあげて盛りあげた。それから彼は、投球の技を練習するので私に捕手役になってと言った。

「あの子、サインをシェイクオフしているわ！」と、同じ見学グループにいた女性が声をあげた。

「〝シェイクオフ〟って、どういう意味ですか」と、私は聞いた。

「ボールを投げる前に頭を左右と上下に振っているのが、メジャーの投手がするとおりなのよ」

彼女はさらに説明を続け、捕手は投手にどんな球を投げるかサインを出し、投手はそれに同意するか否かで、イエスかノーを伝えるということだった。

「ドジャースは始球式の投球を、ちびっ子にやらせてくれたりするのかしら？」と彼女は言って、マウンドを指さした。「あんな小さな男の子があの大きなマウンドに立ったら、絶対に可愛いらしいと思う」

この野球通の女性は、そうとは知らず私の心にひとつの種を植えつけた。

帰宅後、私の頭の中では、クリスチャンを始球式で投球させるというあの女性の提案について、歯車がくるくる回転していた。私はコンピュータをひらき、メジャーリーグ野球の始球式で幼児が投げたことはあるか、ユーチューブで検索した。するとアメリカ大統領やハリウッドセレブ、それにラップスターがマウンドに立った動画は出てきたが、意外にも、幼児が始球式の投手になっている動画は見当たらなかった。

二〇一一年の時点でユーチューブは存在しはじめてほんの五年目だったが、ジャスティン・ビーバーが二〇〇九年にユーチューブで〝発掘〟された後に、一躍歴史的な名声を得たおかげで、すでによく知られていた。二歳の息子にジャスティン・ビーバーの後に続かせようという気はなかったが、始球式で投げる人を決めるドジャースの重役室にいる誰かの気を引くのに、ユーチューブはいい手段かもしれないと私は考えた。

クリスチャンが独特なのは主に、幼くして野球ボールを打ったり投げたりするのが上手い点なので、時間の猶予が限られていることはわかっていた。同年代の子供より早く歩きだしたり、話しだしたりする赤ちゃんと同じで、時間が経てば大半の子に追いつかれるということはかならず考えうる。だから〝可愛らしい〟という要素はじきに彼が五歳になる前にはなくなり、きっと他のリトルリーグの野球選手たちと大差はなくなると思った。

マイケルが戻ってくると、私はクリスチャンを始球式で投げさせるという、とっぴな計画について話した。そして、ユーチューブに出すために、ドジャースタジアムで撮った動画を使って、一分間の合成動画をつくってもらった。ユーチューブはすでに、わが子の一挙一動を紹介する誇らしげな親の動画で溢れていて、その点では、私たちのアップした動画は何も特別ではなかった。私は動画の下にこんなことを書いた。

私たちの二歳の息子は野球が大好きで、ドジャースタジアムでプレーできたことが、彼のこれまでの人生で最高の出来事です。息子は毎日スパイクを履き、バッティング手袋をつけ、野球ユニフォームを着ると言って聞きません。わが家では誰も野球をしないし、観戦もしてなかったので、息子がこんなに野球に夢中だなんて私たちもびっくりです。三週間前、初めてメジャーの野球観戦に行ったのですが、ラッキーなことにマット・ケンプ選手からサインボールをもらいました。息子は野球をするとき用に〝ベースボール・コンラッド〟というニックネームを自分でつくりましたが、本名はクリスチャンです。私たちは、彼が三歳になる前にドジャースの始球式で投げられたらいいなと、クレイジーな夢を抱いています！

私はそのユーチューブのリンクをメールのアドレス帳にいた全員に送り、閲覧数が増えてドジャースの目にとまるよう願いつつ、家族や友人に動画をシェアしてほしいと頼んだ。今ふり返ると、私の尊大な行為はきっと少しやりすぎに映ったことだろう。でもそのときまさに事が展開しようとしていたのだから、取り消す機会があればそうしたとは言えない。

ユーチューブに投稿してから数日後、動画の少年はあなたの息子さんですか、という問いあわせがひとりの女性から夫にきた。彼女は〈ホーンド・フロッグ〉の同窓生だと自己紹介し、マイケルの母校、テキサス・クリスチャン大学のマスコット、ツノガエル《ホーンド・フロッグ》のことだと言った。いわく、彼女のスポーツ・スタジオという会社で、アダム・サンドラーの映画で野球をする共演者のキャスティングをするため、動画の少年を必死に探しているというのだ。

この惑星で生きてきた四十三年間のほとんどを南カリフォルニアで過ごした私は、ハリウッドスターになりたい人々の夢を喰いものにする、ありとあらゆる詐欺を見てきた。だから自分たちが、親ばか狙いのユーチューブ詐欺か何かの被害者になりかけているに違いないと思った。

テキサスにいるマイケルからそのメールの件で電話があったとき、私はまず、「お金を要求されてる？」と聞いた。しかし私の懐疑的な姿勢にもかかわらず、マイケルは詳しい話を聞くため、彼女に電話をすることにした。ふたをあけてみれば、スポーツ・スタジオ社は合法なキャスティング仲介会社で、コマーシャルやテレビ番組、そして映画でスポーツに特化した配役をするため、ユーチューブなどのソーシャルメディアを使って現実のアスリートを探していたのだった。そんなものがあったなんて、知るわけがない。

「クリスチャンがグローブをつけてボールを捕る動画を今日中に送ってほしいって、キャスティングの責任者が言っているそうだ」と、マイケルが言った。

「マイケル、あの子はまだボールを捕ったことがないって、わかってるでしょう？」

「そんなに難しいのか」

クリスチャンが球を打ったり投げたりしはじめて一年以上経っていたが、グローブで捕るのはまだ早いと思っていたので、私たちはいつも球を転がして返していた。ともあれそういうわけで、幼いわが子は捕球の集中特訓を受けることになった。まったくの偶然で、私が左利き用の小さなグローブを持っていた。クリスチャンの妊娠中に女友だちからプレゼントされた、スポーツグッズの詰めあわせバスケットに入っていたのだ。私は息子が左利きの可能性は低いと思い、生まれる前にスポーツ用品店を三軒まわって交換を試みた。ところがありがたいことに、どこも交換を受けつけてくれなかった。大方の予想に反して、結局クリスチャンは左利きだったのだから。そしてこの日、この小さなグローブが役に立つことになったのだ。

マイケルが不在のため、クリスチャンの野球の相手をする第三者が必要だった。そうすれば私の両手があいて、手持ち式ビデオカメラで撮影できるからだ。私の母のボーイフレンドのデニスが、午前十一時に野球場で会うと快諾してくれた。デニスはスポーツ全般が得意で、万能アスリートであり、元体育会系なのだ。

野球場につくと、「捕れなかったらどうする?」と、彼が聞いた。

「そういう選択肢はないんです」と、私は笑いながら言った。

幼児に球の捕り方を教えるのはとにかく愉快だったが、子供が球を捕る様子に、大のおとながふたりして見たこともないほど素晴らしいものを見たかのように騒ぐ姿は、滑稽だったに違いない。幸い私たちのはしゃぎっぷりを近くで目撃したのは、リトルリーグのグラウンドキーパーだけで、彼は隣りの球場で忙しそうに草刈りをしていた。クリスチャンの捕球技術は完璧には程遠かったものの、球が実際に彼のグローブに着地する動画を、奇跡的にいくつか撮ることができた。クリスチャンが普通サイズのバットで球を打つ様子を撮影していると、リトルリーグのグラウンドキーパーが大きな草刈り機のエンジンをとめて、私たちの様子を眺めていた。「その子は才能があるぞ」と、彼はこちらに向かって大声で言った。「この先も、とにかく楽しんでやらせるようにな」

なぜこんなに真剣に野球の動画を撮っているのか、わざわざ彼に説明はしなかったが、どのみち信じてくれなかっただろう。私自身、それから二週間後にマサチューセッツ州ボストン行きの飛行機に乗るまでは、ほとんど信じられなかったのだから。

第2章
ベーブ・ルースに意地悪された？

「おとなはごく幼い子供から学んでいい。
というのも、幼い子供の心は純粋だからだ。
だからこそ大霊《グレート・スピリット》は、年をとった人々が見逃す多くのことを、
幼い子供には見せるのかもしれない」

ブラック・エルク（アメリカ先住民の精神的指導者）

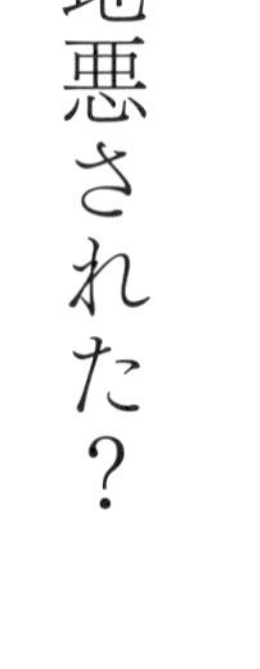

ボストンへの旅はけたたましく始まった。クリスチャンがいかにもイヤイヤ期の二歳児といった状態で、シートベルトを嫌がったのだ。親切な客室乗務員が、息子にシートベルトをしようと奮闘する私を見て手伝いにきてくれた。息子が、「ぼくが大きかったときは、シートベルトはつけなかったし、お酒をのんでた」と威勢よく言うと、私たちはふたりして呆気にとられた。客室乗務員とまわりの乗客たちがドッと笑い声をあげる中、私は小さな暴君を座席にくくりつけようと懸命だった。

「いつかあなたも大きくなるけど」。私は片手で息子をおさえてベルトを中央の金具でとめながら、「シートベルトはいつもするの」と言った。お酒うんぬんについては、とりあわないことにした。

隣りの席の人が、「そのとおり。いつだって母親が一番よくわかってる」とつけ加えた。彼は偶然にも、ロサンゼルスを拠点とするメジャーリーグ・サッカー、チーヴァスＵＳＡに所属するプロサッカー選手だった。私たちの周囲に座っていたのは皆そのチームメイトで、クリスチャンはこの若くてエネルギッシュなアスリートたちに、スポーツの話で楽しませてもらい、そのうちようやくうとうとと眠りについた。

マイケルがその週テキサスにいて不在の間、シャーロットは私の母に預けていた。安心だとわかっていても、シャーロットと離れるのはこれが初めてで、私はすでに寂しくてしかたがなかった。制作会社は、クリスチャンの飛行機代と付き添いの大人ひとり分のチケット代は提供してくれたが、シャーロット用の追加の切符は、出発日間際だったためとても買えるような値段ではなかったのだ。母はシャーロットとウィートンテリア二匹、それに私が不在中の不動産取り引きで大忙しだろうが、きっと母なら大丈夫と私は思っていた。なんだかんだ言って、子育ても不動産の販売も、私にすべてを教えてくれたのは彼女なのだから。

ボストンのローガン国際空港に到着する頃には、クリスチャンの寝る時刻をとうに過ぎていたが、彼は仲良くなったばかりのサッカー選手たちと、手荷物受取エリアで野球ごっこをするほど元気いっぱいだった。プロのアスリートたちが、お気に入りのスポンジボールを交代で投げてくれたり、塁を走ってまわる彼を追っかけてくれたりする間、私はコーチのロビン・フレイザーとおしゃべりをした。ロビンとは何年も前、彼がサッカー男子アメリカ代表選手だった頃に少しだけ面識があったのだ。その当時、私は九四年ワールドカップ・アメリカ大会の組織委員会のために、宣伝イベントの制作責任者をしていた。別れ際、ロビンは名刺をくれて言った。

「もし息子さんがサッカーに心変わりをしたら、絶対教えてほしい。あれくらい情熱のある子供を探しているんだ」

その言葉に、私は考えた。クリスチャンの頭が野球でいっぱいなのは、一時的なものなのか、それともずっとこのままなのだろうかと。

レンタカーを借りたときには午後十一時近くで、それから映画撮影がおこなわれているケープコッドの最終目的地に向かって、三時間の車の旅を始めた。ハイアニス・ポートにあるホテルに向かう途中、制作コーディネーターから電話がかかってきて、翌日の朝九時に撮影現場にいるよう指示された。クリスチャンが八時間以下の睡眠で役目を果たせる確率は低いとわかっていた私は、無邪気にも、息子の出番の時刻を少し遅らせてもらえないかと尋ねた。でもすぐに、私たちは映画制作という機械の歯車の小さな歯にすぎず、私たちの到着よりずっと前に設定されているスケジュールが変えられることはないと知った。

それから残りの道中は、ありとあらゆる失敗の可能性が思い浮かんだ。息子はキューが出たタイミングで球を捕れるだろうか？　プレッシャーでびくびくするだろうか？　野球ユニフォームからまともな洋服に着替えさせられようとしたら、パニックになってしまうだろうか？小さな子供との生活はいつだって予想外のことだらけだが、睡眠不足はたいてい厄介のもとで、彼がとれる睡眠は必要な十時間にはとうてい足りなさそうだった。この旅の数週間前におむつがとれたばかりという事実も、不安の種として事をいっそう複雑にしていた。

映画について知らされていた情報は、アダム・サンドラーが息子の結婚式に現れる文無しの父親役を演じ、クリスチャンは結婚パーティの出席者として野球の試合に出る役を演じる、ということだけだった。アダム・サンドラーは一九九〇年代半ばに、『アダム・サンドラーはビリー・マジソン――一日一善』や『俺は飛ばし屋――プロゴルファー・ギル』といった大衆コメディで大成功し、映画界に躍り出た。二〇一一年までに二十本以上の作品で主演を務め、その多くは自身の制作会社ハッピー・マジソンで、脚本とプロデュースも手がけていた。彼の映画はおおむね評論家には好かれていなかったが、当時全作品で二十五億ドルを世界で稼ぎ出していて、興行的な成功は疑うまでもなかった。

偶然にも、私は二十歳代の頃に一度、ロサンゼルス・キングスのホッケー試合で、アダムの前の席に座ったことがあった。彼のことは、映画館のスクリーンで見るのと同じくらい気さくで、近寄りやすい人だと思っていた。そして私たちはこのときまた出会おうとしていて、今回はふたりともたまたま同じ年頃の子供をふたり持つ、四十歳代初めの親だった。私には、アダムが自分の大好きなこと――人々を笑わせる映画づくり――をして夏を過ごすのに、ケープコッドのような家族向けの土地を選ぶのはもっともなことに思えた。

ホテルにチェックインする頃には、目がかすんでいた。深夜シフトの受付係に私の名前が書かれた封筒を渡され、中には翌日の制作スケジュールと手書きの指示書が入っていた。指示書には、翌朝は映画のセット現場へ移動するため八時半にホテル前にいるように、と書かれていて、ロケ地は〝ミニ・フェンウェイパーク〟と記載されていた。私は好奇心で、ミニ・フェンウェイパークがどこにあるか知っているか、と深夜シフトの受付係に聞いてみた。彼は強いボストンなまりで、「フェンウェイパークはボストンにあるレッドソックスの球場ですが、この辺でミニ・フェンウェイパークなんて聞いたことがありませんね」と答えた。私はもう何時間かすれば自分でわかるのだからと思い、あえてそれ以上尋ねるのはやめた。

受付カウンターに目立つように、ケープコッド野球リーグの夏の試合スケジュール表が束になって置かれていた。私がそれをじっと見たからか、クリスチャンの野球ユニフォームのせいか、受付係が、「滞在中にぜひひとつふたつ観戦するといいですよ。毎年夏に、学生野球の最優秀選手たちが全国からケープコッドに集まってプレーするんです。その子たちの何人かは、確実にじきメジャーリーグで見かけることになりますよ」と言った。どうやら私たちは、野球天国にたどりついたようだった。私のというよりは、クリスチャンにとってのだが。

翌朝は八時半の迎えに間にあうよう、もうろうとする息子をどうにかベッドから引きずり出して、着替えと食事をすませた。表に出ると大きな白いワゴン車が待っていて、まず出迎えてくれたのはクリスチャンの〝スタジオ教師〟という、リンという名前の明るい女性だった。リンは、自身の務めは映画俳優組合の児童労働法の定めのとおり、クリスチャンが一日に二時間以上〝働く〟ことのないようにし、撮影現場にいられるのは最長で四時間までとするよう、管理することだと説明した。リンの穏やかな物腰は、私の恐怖心を静めるのにまさに必要なものだった。私はその日がどんな一日になるのだろうか、キューに合わせて演じなくてはならないプレッシャーで、クリスチャンが崩壊してしまわないだろうかと、心配だったのだ。私は彼女に、もし息子を野球ズボンと、レッドソックスのぶかぶか野球シャツと、スパイクから着替えさせようとしたら大惨事になるので、それが怖いと打ち明けた。

「きっと大丈夫だと思いますよ」と、彼女は笑った。私はにこりとしてうなずいたが、それはどうかと思っていた。

クリスチャンはセットを見て、目を輝かせた。そこは敷いたばかりの芝と、彼の大好きなドジャースタジアムのような赤土のある、新ピカの野球場だったのだ。制作会社はどう見ても、金に糸目はつけずに、このリトルリーグ・サイズのメジャーリーグ野球スタジアムを建てていた。外野を取り囲むのは、スポンサーのロゴのついた高さ三十フィートの緑色の壁。ボストン・レッドソックスの本拠地である本物のフェンウェイパークに似せて、バックスクリーンの上にそびえるように建てられた、シットゴー社のガソリンマークのレプリカ。ホテルの受付係がミニ・フェンウェイパークを知らなかったのも無理はない。ここはハリウッド映画一本の、五分間のシーンのためだけに建てられたオアシスのような場で、撮影が終わればすぐに取り壊されることになっていた。

私たちはグラウンドで助監督に出迎えられ、この日はクリスチャンのリハーサル日だと告げられた。その後、私の推定では百万ドルの野球シーンづくりを担う、二十歳代から三十歳代の大学生アスリートやプロのアスリート五名も加わった。クリスチャンはこの小さな夢の球場で野球をしたくてたまらず、やる気満々でバックパックからグローブとバット、そしてヘルメットを引っぱり出した。

グローブをつけた男性がスポーツ・スタジオ社の経営者のひとりだと自己紹介し、マイクと名のった。マイクはクリスチャンを一塁と二塁の間に置き、ゴロがきたら拾って、一塁に立っているカリという女の人に投げるようにと言った。彼女の運動能力には感心したが、後にカリはハーバード大学のソフトボールのコーチだとわかった。カメラマンがグラウンド上での演技を撮影する中、私もその瞬間をとらえるべくビデオをまわした。クリスチャンが次から次にゴロを拾って正確に投げると、マイクが興奮して大声をあげた。「十歳だってできない子もいるのに！」

映画制作クルーと思しき人々がだんだんと球場に入ってきて、かなり大勢の人が集まった。皆の視線がクリスチャンに集中する中、明らかに、彼はステージの真ん中で注目を浴びるのが大好きな様子だった。おかげで、私の恐怖心の少なくともひとつがここで解消された。それからマイクが、クリスチャンが球を捕るところを撮るため、脚立を一塁のところへ移動させるようクルーに指示した。この練習は続けて二十回以上したが、大方の予想に反して、クリスチャンはフライをすべて捕った。テストが合格したとき、私はホッとため息をついた。このとき初めて聞いたのだが、クリスチャンの役はもともと、五歳か六歳の子供を想定して書かれたらしい。マイクが言うには、ボストンで子供の野球選手のオーディションを保留にして何週間か経った頃、クリスチャンが野球をするユーチューブ動画を見つけたということだった。幸運とは準備とチャンスが交わるときにやってくると言うが、この場合はタイミングの問題だった。

クリスチャンの所定の休憩時間になると、スタジオ教師のリンがどうにか彼の野球ギアを落として休ませようとした。でもすぐに、彼がベースボール・コンラッドのモードに入っているときは、食事をさせることも、休憩をとらせることも、野球をやめさせることも無理だと覚った。私はリンに、クリスチャンにとって野球をするのは〝働く〟ことには絶対ならないし、タフト・ハートレー法［訳註：米国の労使関係法の通称］に違反しない限り、私としては休憩しながらこのままバッティングさせても構わないと知らせた。クリスチャンは、ケビンという親切で控えめな感じの男性をうまいこと見つけてきて、キャッチボールの相手をさせた。聞けばケビンは、ボストン・レッドソックスのファンというだけでなく、映画プロデューサーでもあり、アダム・サンドラーとは高校時代からの親友ということだった。

ボールを投げる合間に、私は配役の声がかかってからずっと気がかりだった大きな質問を、思い切ってケビンに聞いた。

「本番の撮影で、息子が自分の野球ユニフォームを着られる可能性はありますか」

彼の答えは、私が聞きたかった返事ではなかった。「残念だけど。衣装係が洋服と靴を着せてセットするから」

私はクリスチャンの野球ユニフォームへの病的こだわりについてケビンに説明し、「衣装部に行ったら、そこで息子の短い映画人生の終わりかも」と、冗談で言った。

ケビンは首を横に振って笑った。「それはないね。この子は観客が大好きなのを見たでしょう？　天性だよ」

クリスチャンの映画デビューに向けて何が起こりつつあるかはともかく、私たちはケープコッドでの出費ゼロのバケーションをすっかり楽しんでいた。ハイアニス・ポートという海辺の街は、アメリカ北東部の人々が夏に押し寄せる裕福な地域で、ケネディ家の屋敷があることでもよく知られている。クリスチャンが撮影現場での任務にいつ戻ればいいのか制作会社からの知らせを待つ間、何日か逗留するには申し分のない場所だった。雨だった二日間を除けば、私たちのケープコッド滞在は昼も夜も野球三昧だった。海辺で野球、ホテルの部屋で野球、それにあちこちの球場で野球。この街には野球場があり余るほどあった。

ケープコッド野球リーグの試合はふたつと言わず観戦し、私たちは〈ハイアニス・ハーバー・ホークス〉や〈チャタム・アングラーズ〉といったチームを応援した。ハイアニス・ポート・スタジアムの打撃練習ケージでクリスチャンにボールを投げているとき、誰かが話す声がした。聞けばヤンキースがボストンに来て、明後日にフェンウェイパークでレッドソックスと対戦するというのだ。映画撮影の出番待ちだった私たちにとっては、一番安く買える百五十ドルのチケット代を捻出するのも少し危険だったが、とにかく思い切って買った――まだ小さいクリスチャンは、私の腿に乗せられると考えたのだ。すると購入から何時間もしないうちに制作会社から連絡があり、翌日がお待ちかねの日だと告げられた。クリスチャンはついに、野球をする端役で映画の撮影に臨むことになったのだ。そして彼の野球シーンの撮影が一日だけですむとすれば、奇跡的にも、ロサンゼルスに帰る前にレッドソックス戦を観にいけそうだった。

撮影当日、現場の雰囲気はリハーサルののんびりした環境とはまるで対照的だった。白いワゴン車を降りると、そこは仮設の村のようになっていて、トレーラーや四方八方に行き交う人で混みあっていた。まるでアリの巣のように、一人ひとりが明確な任務を負っているように見えた。私たちは助監督に迎えられ、すぐさま恐怖の衣装部へと送られた。クリスチャンの野球服を脱がせ、シーン用に着ることになっているポロシャツとカーキの半ズボン、セミフォーマルな靴を履かせようという衣装アシスタントの努力は、私の恐れていたとおり、激しい叫び声と蹴りの応酬によって阻まれた。あまりに大泣きして彼はアシスタントの女性の上に吐いてしまったが、幸いにも、彼の着ていた新品の洋服の上ではなかった。

次に行ったのはメーク部で、クリスチャンが数か月前にコーヒーテーブルにぶつかってできた額の傷跡が、魔法のようにわからなくなった。横には、とても愉快で才能豊かなトニー・オーランド（一九七〇年代の歌、『幸せの黄色いリボン』の歌手）が座っていて、自宅の裏庭にミニ・フェンウェイパークを持つ気ままな億万長者の役用に、メークアップをしていた。何分もしないうちに、トニーはクリスチャンを笑わせて、新しい洋服がどれほど嫌だったかをすっかり忘れさせてくれた。もはや衣装部での失態の名残は、クリスチャンの真っ赤に泣きはらした目だけだった。

その後、数日前にリハーサルで会ったプロデューサーのケビンが現れ、私たちを本塁の後ろに置かれたテントに案内し、アダム・サンドラーに引きあわせた。アダムはクリスチャンにハイタッチをしてたちまち安心させ、それから野球について質問を始めた。その間、私はこの素敵なふれあいを写真やビデオに収めた。

「じゃあ、コンラッド、チケットをあてにしていてもいいか？　どこのチームに入るんだ？ドジャースだな」と、アダムがふざけて言った。するとケビンが、「だめだ！」と反論した。

「この子はレッドソックスの選手になる！」

ところがクリスチャンは首を横に振って、「ぼく、ヤンキースの選手」と言い、皆を驚かせた。

アダム・サンドラーがクリスチャンを力強くハグして、「それでこそ俺の息子！」と誇らしげに言い、息子のチーム選択は皆の知るところとなった。クリスチャンはにっこりとし、私もとても嬉しかった。何年も後に、彼がこの経験を思い出せるような貴重な会話を録画できたのだから。

私がこの映画がR指定ではないかと感づいたのは、アダムが自身の二歳と四歳の娘もこの映画に出るけど、高校卒業までは観られないと言ったときだった。クリスチャンはセンターの位置に置かれた照明用と思しき大きな白いスクリーンの近くに連れていかれ、私はそれに手を振って見送ると、グラウンドでまさに起ころうとしていることに備えて気を引きしめた。ジェットコースターはまさに発車寸前で、もう後には引けなかった。

監督が「静かに」と合図を出した。完全に静まると、カメラがまわりはじめた。私は遠くから、クリスチャンがキューに合わせて鼻をほじり、股間をつかむのを見ていた。これはボストン行きの飛行機に乗ったときに予想していたのとはちょっと違ったが、かなりおもしろかった。クリスチャンのチョイ役部分を撮影するのは、割り当てられた二時間かからずに終わり、彼は撮りおわるなり、忌まわしの衣装から野球ユニフォームとスパイクに着替えた。こうして起こりえた災難はすべて回避され、家に帰るまでまだ一日空き時間があった。

翌日、私たちはレッドソックスが長年のライバル、ニューヨーク・ヤンキースと、本物のフェンウェイパークで対戦するのを観に、ボストンの街にくりだした。このときは知らなかったが、この築ほぼ百年の球場は、今も使われているメジャー最古の野球スタジアムだ。レンタカーを駐車するのに、六十ドルという想像を絶する料金を支払いショックを受けた後、私たちはヨーキー・ウェイという、球場正面のメインストリートを歩いていった。そこでは試合前の賑わいが頂点に達していた。試合のある日、ヨーキー・ウェイは車両通常止めとなり、フェンウェイパークに流れこむ大勢の野球ファンに道を譲る。車道は露商やお祭り騒ぎで溢れかえり、活き活きした歩行者天国へと姿を変えるのだ。

消費される大量のビールを除けば、野球がテーマのお祭り環境は野球狂の子供にはあつらえ向きのようだった。野球選手の恰好をした身長三メートルほどの足長大道芸人《スティルト》が、かがんでハイタッチをしてきて、クリスチャンはすっかり恐れおののいていた。このやけに大きなパロディ人形は、クリスチャンが速球投げブースで特大グローブにストライクを投げ入れるたびに、歓声をあげた。スタジアムの入口近くでは、熱烈なレッドソックス・ファンたちが、代わる代わるクリスチャンに球を投げた。彼がそれを小さな木製バットで空に打ち返し、ベースがあるつもりで走ってまわると喝采があがり、まるで試合日のショーみたいになった。

神聖な球場であるフェンウェイパークに入ると、まるで時間をさかのぼっているような気がした。幼い息子の先導で、どこへ行くともなく歩くうちに、往年のレッドソックス選手の白黒写真を売る店にたどりついた。とても意外なことに、クリスチャンはテッド・ウィリアムズとボビー・ドーアという、昔のレッドソックス選手の大きな写真をねだってきた。彼がこの旅で唯一買ってほしいと言ったのが、一九三九年の写真なんて変な感じがした。小さな男の子によほどふさわしくておもしろそうなグッズは、それまで他にたくさん見かけていたのだ。でも彼がこの写真が大好きなのは明らかだったので、買って家に送ってもらった。

クリスチャンの手を引いてコンコースを抜けて座席に向かっていると、とても異様なことが起こった。まず彼が突然びくともしなくなったので、私も立ちどまった。彼は横の壁にかかった昔の野球選手の大写真を見て、茫然としていたのだ。次に起こったのは、時間が静止したかと思うほどの、感情の爆発だ。クリスチャンは見るからに取り乱し、小さな木製バットを振って写真を差しながら、「この人きらい。ぼくにいじわるだった！」とくり返しわめいたのだ。二歳児にありがちなかんしゃくではなく、本心からの気持ちとして感情を激しくあらわにしていた。壁にかかった写真の男に悪いことをされたとクリスチャンが信じているのは、近くにいた人には明らかだった。

見知らぬ人でさえも、彼が何を伝えようとしているかを見てとった。男性が通りすぎながら、「この子はちゃんとわかってるんですよ。だって、ベーブ・ルースは本当に嫌なヤツでしたから」と言った。私はベーブ・ルースについてはそのとき何も知らなかったが、昔の有名な野球選手ということは知っていた。

明らかに動揺しているクリスチャンの気持ちに寄り添おうとして、私は穏やかに聞いた。

「ベーブ・ルースに意地悪されたの？」

彼が「うん！」と言ったとき、私は固まってしまい、どう反応すればいいのか見当もつかなかった。自分が生まれる何十年も前に死んだ人に意地悪されたって信じている二歳児と、どうすれば理性的な会話ができるっていうの？　そう思いつつどうにか彼をなだめて席につかせたが、クリスチャンの気持ちがあまりに乱れていたので、二イニングまでしかいられなかった。スタジアムを出るときは、ベーブ・ルースの大写真のかかった壁のそばを歩くのは避けた。マイケルに電話をして何が起こったかを話したときには、気味が悪いとしか、この体験を説明する言葉が見つからなかった。

第3章 パパみたいにのっぽだった

「私が始まったのは自分が生まれたときではないし、受胎したときでもない。
私は計り知れぬほどおびただしい長さの年を経て育ち、成長してきたのだ……。
これまでのすべての私が、声を持ち、残響を持ち、衝動を持っている、私の中で……。
ああ、計り知れぬほど幾度も私は生まれるのだ」
『星を駆ける者』（国書刊行会）ジャック・ロンドン著

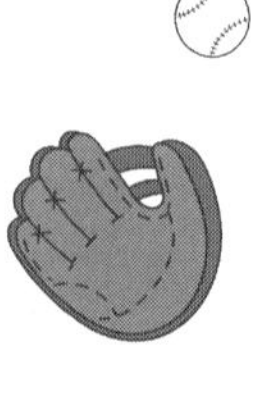

ロサンゼルスに着陸すると、私はシャーロットを迎えに一刻でも早く母の家につくことばかり考えていた。家族とまた一緒にいられるという喜びに心躍らせながら、車で到着するまでの四十分間、ずっと母と電話をしていた。映画撮影や不動産の取り引き、そして生活全般について、お互いに報告しあった。母の家の私道に入る頃には午後十時を少し過ぎていて、母は私たちの到着をみはからって、とても眠そうなシャーロットを抱っこして外で立っていた。クリスチャンには自宅につくまでのあと十分間、車の座席で眠ったままでいてくれればと願っていた

が、その思いもむなしく、彼は静かな眠りから元気よく目覚めると、「おばあちゃん！」と大喜びで声をあげた。

シャーロットとクリスチャンは再会に舞いあがり、真夜中をとっくに過ぎても起きたまま、彼の三歳の誕生日パーティの計画を練っていた。私がボストン旅行の前に招待状を出していて、パーティはほんの三日後だったのだ。新進アーティストのシャーロットがケーキのデザインをスケッチし、クリスチャンは嬉しそうに指示を出していた。

「色はドジャーブルーにしてね。野球場の絵をかいて。キャッチャーも忘れないでね。ろうそくはどこに置くの？」

その夜、私たち三人はいつものように、くっつきあってクリスチャンのクイーンサイズのベッドに入った。ふたりともひとりで眠るのが好きではなかったのだ。ぎゅうぎゅうだったけれど、真夜中におチビたちが私のベッドに潜りこんできて、起こされるよりはよかった。そのとき、うとうとしかけたクリスチャンが、とても真面目な表情をして言った。

「ママ……ぼく、のっぽの野球選手だったの」

「マット・ケンプみたいな、〝のっぽの野球選手〟？」と、私は毛布をかぶせてあげながら聞いた。

「うん」

自分の息子が実際にプロ野球選手になる可能性は百万分の一だとわかっていたが、私はこの機に文法は訂正しておこうと思い、「そうね、いつかのっぽの野球選手になるわ」と言った。

彼は眠りにつき、私も眠った——その会話について改めて考えることもなく。

マイケルは翌日の夕方に帰ってくる予定で、いつものように週末の二日間を家で過ごし、月曜の朝までにテキサスに戻ることになっていた。彼は毎週の出張が好きではなかったが、私たちが主な収入源として当てにしていた不動産業がかなり落ちこんでいたので、あまり選択肢はなかった。南カリフォルニアの住宅価格は五年ぶりの最安値まで急落していて、私たちの年収も同じ状態だったのだ。その六年前は着々と上昇する住宅価格の波に乗っていて、おかげで家を買い、手を入れて、売却して利益を出すこともできていたし、住宅売買の代理という通常の業務もあった。ありがたいことにその頃いくらか貯金もできていたので、このような実入りのとぼしい時期もなんとかやっていけていた。

結婚する前、マイケルと私は生活費を折半にするという計画を立てていて、その協定は夫婦の収入が減っているときも固持していた。慣習にはあまりそぐわないかもしれないが、私たちにとっては、これがつねに効果的なやり方だったのだ。銀行口座を別々にしておき、月々の生活費に等しく貢献することで、それぞれが自主的に金銭的な決断ができたし、それにどちらも、自分に不相応な経済的負担を負っているとは決して感じずにすんだ。

金曜の夕方、マイケルの帰宅をみはからって夕食の準備をしつつ、キッチンからクリスチャンにボールを投げていると、彼は前日の夜に言っていたのと同じことをいきなり口にした。

「ママ、ぼく、のっぽの野球選手だったの」

「そうね、いつか野球選手になるわ」と、私は前日の夜と同じように言った。

クリスチャンは見るからに私の返事に不満そうだった。そしてとても怒った表情で、足をバンバン踏み鳴らしながらわめいた。

「ちがうってば！　ぼく、のっぽの野球選手だった、の――パパみたいにのっぽの！」

野球選手だった？　パパみたいにのっぽ？　息子は私に何を言おうとしているの？　つまり……まさか……以前の人生で自分はおとなだった、って言おうとしているの？

彼はわかってもらいたくて、また足を踏み鳴らして私が何か言うのを待っていた。私は必死に返事を探しながら、一度深呼吸をした。信じてほしいのだけど、こういうことは小さなわが子の口から聞きたい言葉ではないのだ。

私は顔に浮かぶショックと声に混じる不安を隠しながら、彼の背丈までかがんでその目を見た。

「おとなだったの？　パパみたいに？」

彼の答えははっきりと、「うん！」だった。そのホッとした表情は、否定のしようがなかった。彼はようやく言いたいことをわかってもらえたというわけだ。

自分の息子とこんな会話をするなんて、お化けが表玄関を歩いて通るのを見るのと同じくらい衝撃的で、また一見まことしやかにも聞こえた。わが家は野球に縁がないことを考えると、私にとっては、このスポーツへのクリスチャンの執着だけでも充分奇妙だったのだ。それなのに今や、〝パパみたいにのっぽ〟だったことが新たに発覚し、不思議の国のウサギ穴に落っこちていく気分だった。気づけば私は、理屈と直感の大きな狭間で揺れていた。輪廻転生という概念は、私の合理的思考や宗教的信条とは正反対のところにあったのだ。とはいえ、クリスチャンがこんなに一生懸命伝えようとしていることを無視しないように、と心の声は告げていた。

マイケルがドアから入ってきたとき、私はこの現実性を大至急チェックする必要があった。お帰りのあいさつもそこそこに、夫がこのすべてのつじつま合わせをしてくれたらと願いながら、頭の中をめぐっていた考えを残らず話した。クリスチャンのこれまでの奇妙な発言やふるまいがパズルのピースのように思えてきて、私がそれを改めて話すのを、夫はふむふむと聞いていた。すると私たちふたりとも、答えよりも疑問が出てきた。自分が生まれる半世紀も前に死んだ男の写真に対して、どうして幼児が感情的に反応できるのか？　クリスチャンはかんしゃく持ちの子供ではなかったのだ――ただし、もちろん、私に野球場から引きずり出されるときや、服装の選択を変えさせられようとするときは別だ。ベーブ・ルースの写真への本能的な反応はまったく筋が通らず、普段の息子からは考えられないことだった。それに昔のレッドソックス選手二名の白黒写真に、どうして幼児があんなに惹かれるのかも、私たちには理解できなかった。

マイケルは疲れたように苦笑いをし、「とりあえず放っておこう」と言った。きっと私がうんざりさせてしまったのだと思う。でも私は放っておけなかった。家族が眠りこむとすぐに、こっそり階段をおりて仕事部屋に行き、ベーブ・ルースについてと、クリスチャンが大好きな写真のレッドソックス選手二名――テッド・ウィリアムズと、ボビー・ドーア――について、インターネットで徹底的に調べた。過去にさかのぼると、テッド・ウィリアムズは野球史に残る偉大な左打者だとわかった。一九一八年に生まれ、二〇〇二年に亡くなっている。クリスチャンの生まれる六年前だ。一九三九年にレッドソックスでメジャーデビューしていて、ベーブ・ルースの引退から四年後だ。彼の成績にも、数字やパーセントの意味はわからないながら目を通した。その後、残念なことに、胃が痛くなるような話を見つけてしまった。

どうもテッド・ウィリアムズの子供たちは、火葬してほしいという父親の遺言を無視し、将来医療技術が進歩したら、父親を生き返らせて家族と再会できるかもしれないと願い、遺体を冷凍保存したらしい。子供たちは十万ドル以上をかけて、父親の頭を体から切り離して、液体窒素で満たされたスチール製のドラム缶で保存してもらった。凍らせた頭が生き返るという発想はとんだ常識外れに思えたが、よくよく考えてみると、インターネットで昔の野球選手について調べ、その理由が、三歳にもならない息子が過去生で知りあいだったかもしれないからなんて、同じくらいばかげている気がした。きっとこれは、好奇心もこの辺でほどほどに、というサインだと思った。

その週末は、日曜午後のクリスチャン三歳の誕生日パーティで最高に盛りあがった。家族と親しい友人だけのささやかな集まりだったが、空気で膨らませるゴムハウスに引き寄せられて、近所じゅうの子供たちが遊びにきた。クリスチャンにとっての目玉は、憧れの九歳のリトルリーグ選手三人が登場し、お祝いをしてもらったときだ。彼はシャーロットのスペシャル野球ケーキや、私の母からもらったキャッチャー用品もとても気に入っていた。パーティで騒いだ後、マイケルと私は目前の旅行に備えて荷づくりをした。彼はテキサスへ、シャーロットとクリスチャンと私はその週、教会の主催でヨセミテでの野外キャンプに行くことになっていたのだ。

子供の頃ドイツにいたマイケルは、定期的に家族とルーテル教会に通っていたが、おとなになってからは教会に通う習慣がなくなっていた。シャーロットの妊娠中に、私が地元の長老派教会に入ろうと提案すると、彼は信徒になるのに必須の授業に出るという考えに乗り気ではなかったが、ともあれ私の案に従った。でも彼を教会に行かせるとなると話は別だった。マイケルは日曜の午前は、テニスをするほうが好きだったのだ。決して教会に行くのが嫌いだったというわけではないが、それを最優先とは見なしていなかった。でも私は違った。やがて祝日や、自分たちの子供が聖歌隊で歌うような特別な行事があるときは別にして、日曜の午前に、シャーロットとクリスチャンと私と一緒に教会に行くようマイケルを説得するのは諦めた。わが子にしっかりした宗教教育を与えたいという思いは、私自身が子供の頃に、宗教を知るまでデコボコ道を歩んだからという可能性が大きい。

教会に行かず宗教についても話さない、働くシングルマザーのひとりっ子だった私は、自分が逸していているのはどういう機会なのだろうか、と考えるようになった。初めて教会に行った記憶は、近所の家族と一緒にカトリックの礼拝に出た五歳のときのことだ。友だちのパティのまねをして、指を聖水に浸し、「父と子と聖霊の御名によって」と言いながら、頭、胸、左右の肩に触れたのを覚えている。意味をわかってしたわけではないが、特別で神聖な気がした。

友だちのパティについてその次に大きな記憶は、私が六歳のときのことだ。パティの一家全員が、痛ましい交通事故で死んだと母に知らされたのだ。乗っていたキャンピングカーが対向車のトラックと衝突し、両親と五人の子供が一瞬にして死んだ。私が母に、「死んだらどうなるの？」と大きな疑問を投げかけたとき、その反応から、母にとっては話しにくい話題なのだとわかった。

この経験がきっかけで、神について、生《せい》――そして、死――の神秘について、死んだ後はどうなるのかについて、私の好奇心に火がついた。小学生の間は、近所の人や友人、そしてベビーシッターなど、連れていってくれる人がいれば誰にでもくっついて、教会やシナゴーグや寺院に行った。異なる信念体系に接したおかげで、すべての宗教が根底では共通して、愛や慈悲、ゆるし、より高次の力への信頼、そして肉体を超えて生きる魂の存在を信じるよう、教えているとわかるようになった。こういった概念が私の渇望していたものであって、その包みはそんなに重要ではなかった。

四年生になる頃には、親友とその家族と一緒に、毎週日曜日の礼拝に出ていた。そして十一歳のとき、自分から進んで、聖書を最初から最後までひと夏で読んだ。私が神との深いつながりに気づいたのは、このときだ。祈ったときに答えをくれて、自分は決して独りではないと感じさせる、神聖な存在との深いつながりに気づいたのだ。

この神との関係が、私がわが子にもいつか見つけてほしいと望んでいたものだ。定期的に教会に行くのは、シャーロットとクリスチャンにとって、神と自分自身の関係を育む土台を与えるのに、一番良い方法に思えた。私はふたりに、人生の大きな疑問に対する答えを、身につけてもらいたかったのだ。「神とは何か」、「死の前後に生《せい》はあるのか」、「私たちの魂は肉体の死後も生きつづけるのか」、「今生の後も愛する人々とまた会えるのか」など、古来より人間を悩ませてきた謎めいた疑問への答えを。

教会キャンプの宿泊場所には余分なサービスはなく、インターネットもつながらずテレビもなかった。けれど森のテントで他の人たちとの宿泊でなく、ロッジの部屋を選んでいたので、そんなに不自由はなかった。大自然の中でふたりの小さな子供の面倒をひとりでみないといけない身としては、この程度の原始的っぽさが耐えられる限界だったのだ。おかげで自分たち専用のバスルームと清潔なシーツという贅沢を享受しながら、息をのむような自然の景色や音、そして香りを思い切り満喫できた。毎日ガランガランという大きな鐘の音とともに始まり、メインの食堂で朝食の準備ができたことを告げられた。その後はすぐに、湖を見渡す屋外で礼拝がおこなわれた。森の中の聖域で、私たちが神や同じ教区の人々と交わる中、シャーロットは教会のバンドに加わって、ステージでボンゴドラムを叩いた。携帯電話の電子音が鳥たちのさえずりに代わり、この牧歌的でゆったりした環境は、日常の刺激から逃れるにはもってこいの休息の場だった。

とはいえ、どこに行こうがかならずついてきたのは、クリスチャンの野球への執着だ。ありがたいことに、キャンプ場には野球相手をしてくれる子供が大勢いた——朝も、昼も、夜も。

毎晩寝る前、クリスチャンはシャーロットと私に、自称〝のっぽの野球選手〟だったときの人生について、話をして楽しませた。私はもう彼のお話の時制を未来形に直すのはやめ、信じているふりをした。クリスチャンはまるでせきを切ったかのように話すようになっていて、本当であれ想像であれ、その率直な語りはどんどんおもしろく、細かくなっていった。ベーブ・

ルースへの軽蔑は相変わらず表し、大勢の観客の前で野球をするのがどんな気持ちかを話した。過去をしみじみと思い出しているときの彼には、ごっこ遊びをしている様子はなかった。

「ぼく、のっぽの野球選手だったとき、いっかい膝をケガしたの」と、クリスチャンは説明した。

「お医者さんに、そこを切って治してもらわないといけなかった？」と私。

「いいや。お休みしたらそれですんだの」

キャンプの最終日、キャンプファイヤのそばで歌い、できたてのスモア〔訳註：マシュマロをキャンプの火で焼いて、グラハムクラッカーとチョコレートに挟むおやつ〕をあっというまにほおばった後、眠りかけたクリスチャンが新しいことを言った。

「ママ……ぼくがまえに子供だったときは、おうちに火があった」

「おうちが火事になったの？」と、私は聞いた。

彼はきっぱりと、首を大きく横に振った。

「ちがう！　ほんとの火――明かりの！」

いくつか質問をすると、彼が子供時代に住んでいた家のランプは、明るくするのに火を灯していた、と言っているのは明らかだった。ろうそくのことじゃないと言い張るときの彼は、かなり説得力があった。このとき以降、私は良し悪しを決めつけるのをやめ、彼が言わないではいられないことを聞くように――ちゃんと耳を傾けるようになったのだ。

第4章 古い魂

「すごくばかばかしい」と、（テディは）言った。
「死んだときにすることは、ただ自分の体から出ていくことだけ。
ああ、みんな何千回も何千回もそうしてきた。
覚えていないからって、してないことにはならないんだ。ばかばかしい」
『テディ』（『ナイン・ストーリーズ』ヴィレッジブックス他に収録）
J・D・サリンジャー著

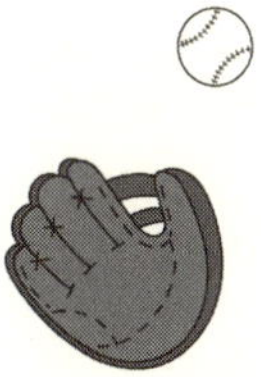

夏休みが終わる頃、マイケルのロッキード・マーティン社とのコンサルティングが突然終了した。安定した収入を失うのは経済的にはまずかったが、家族全員がまたひとつ同じ屋根の下で暮らせるのはありがたかった。シャーロットは幼稚園の年長組に入るのを楽しみにしていて、クリスチャンはその年少組に週三日通うことになり、私は野球をする代わりに、週何日か仕事に専念できる見通しが立って喜んでいた。

入園日の前夜、シャーロットのために子供番組を探して、テレビのチャンネルをまわしていたときのこと。それまで一度もテレビに関心を示したことのなかった息子が、ＰＢＳの野球ドキュメンタリーに目をとめた。彼がテレビの方向を数秒以上見たのはこれが初めてだったので、私はすぐにデジタル・ビデオ・レコーダーの録画ボタンを押した。とるに足らないことに聞こえるかもしれないが、この新たな成長は人生が一変した出来事だった。野球の相手をしてという息子の果てしない要求からひと息つけるように、彼の気を引いてテレビを観させようという試みはそれ以前にしていた。にもかかわらず、テレビ番組が彼の関心をとらえたのはこれが初めてだったのだ。この番組はケン・バーンズの連続ドキュメンタリー『ベースボール』の中の『九イニング』で、一九七〇年から一九九〇年までのメジャーリーグ野球の記録だ。そしてこの瞬間以降、クリスチャンの愛しい相棒かつ待望のベビーシッターとなって、彼の関心を日に最長で一時間、引きつけておいてくれることもあった。

クリスチャンの幼稚園の先生、Ｂ夫人は入園から数日で、彼が自分の長年教えてきた園児たちとはとても違うと気づいた。服装への病的こだわりについてはあまり気にしていなかったが——幼稚園初日から全身野球ユニフォームにすると言って聞かなかった——、彼が同級生たちから孤立していることと、典型的な発育用の遊びに参加する気がないことを心配していたのだ。彼女は、クリスチャンに合わないことを無理してさせるよりは、その特異性を受けいれて、彼の野球好きに合わせてグループ活動を調整し、本人が参加したくなるようやり方を工夫してくれた。美術の課題で動物の絵を描かないといけない場合は、B夫人はクリスチャンに野球ボールの絵を描くようすすめた。彼用に野球ボールのような丸いカーペットまで特別につくってくれ、読み聞かせの時間はそこに座って同級生に加わるようにしてくれた。マイケルと私は、クリスチャンが〝のっぽの野球選手〟だったと主張する件について彼女に打ち明け、心配すべきかどうか専門的な意見を求めようかと考えた。でもやはり、このキリスト教信仰に基づく幼稚園で他の家族にかぎつけられて、頭がおかしいと思われるのが怖かったので、やめておくことにした。

その後、私たち自身が自分の正気を疑うようなことが起こった。ある日の夕方、幼稚園が終わった後のことだ。私はマイケルとの待ち合わせで、カラバサスにあるメルセデス・ベンツのディーラーでのパーティに向かい、その間シャーロットはその近くの美術教室に行かせた。マイケルが唯一テニス以上に愛するのは高級車なのだ。高級車を眺めるというのは私の考える娯楽とは違ったが、ともあれ一緒に行くことを了解した。三階建てのベンツ・ディーラーの地下駐車場に到着する頃には、クリスチャンはぐっすり眠っていたので、私は寝ぼけまなこの彼を抱っこして、エレベータに向かった。彼はエレベータの扉がひらくのを見ると、私の腕から跳び出して、走ってボタンを押しにいった。お姉ちゃんと競争するうちにできた癖だ。

クリスチャンはエレベータの壁や天井をちらっと見ると、「このエレベータ、ホテルのみたい」と言った。

「うーん」と、私は戸惑いながらうなずいた。

「ぼくがのっぽの――パパみたいにのっぽの――野球選手だったときは――ほとんど毎晩ホテルに泊まってた」

この奇妙な新情報には驚いたが、私はもっと聞き出そうと話につきあった。

「飛行機には乗った？」

クリスチャンは淡々と答えた。「いいや、だいたいは列車」

このエレベータでの会話は、彼が生まれた瞬間のように、私の記憶に鮮明に刻まれている。三歳の息子の口からあの言葉を聞いたとき、時間が凍りつき、頭が混乱したのだ。野球選手が試合をするのに旅をしてホテルに泊まるって、どうして知ったの？　列車がどうこうっていうのは一体どこから来た情報？　彼の大好きなドキュメンタリー番組で、こんな情報が出ていた記憶は全然ないのに。と、考えが駆けめぐった。クリスチャンはメジャーの野球試合には、人生で三回しか行ったことがなく、テレビで野球観戦をすることもなかった。それに列車に乗ったことも、列車のおもちゃで遊ぼうと興味を示したこともなかったのだ。クリスチャンが色とりどりに思い出す、以前に野球選手だったときの人生の話は、根も葉もないことじゃないのかもしれないと私が思いはじめたのはこの瞬間だ。

エレベータの扉があくと、私はクリスチャンの手をつかんでマイケルを見つけに走った。このときは、彼が私の正気度をチェックできるかは微妙な気がしていた。彼は展示用のベンツの運転席に座って、のんびりシャンパンを飲みながら営業部長とおしゃべりをしていた。クリスチャンは車の後部座席に跳び乗り、私はエレベータでの変な会話についてマイケルに話した。彼は私と同じくらい、ホテルや列車についてのクリスチャンの発言に戸惑い、私が考えていたことを声に出して言った。

「もしベーブ・ルースが列車で移動していたとしたら、不気味じゃないか？」

肌もあらわなモデルがシャンパンを差し出してきて、私たちの会話は中断された――この話題を打ち切って、さっきのエレベータでの出来事を忘れようとするには完璧な口実だ。

その晩、私はコンピュータをひらき、グーグルで「ベーブ・ルースは列車で移動したか」と検索した。すると、ベーブ・ルースがヤンキースのチームメイトと列車で移動する画像が、次々と出てきた。読むとベーブ・ルースの時代――一九一四年から一九三五年――は、全プロ野球チームが列車で移動していて、選手が飛行機で遠征試合に行く選択肢を与えられたのは、一九四〇年半ばだったのだ。私はこの新発見をマイケルに伝え、クリスチャンがどこからこの情報を得たのか、合理的な説明を一緒に探した。そしてまぐれ当たりの可能性を除けば、おそらく彼がその二か月ほど観ていた、ケン・バーンズの野球ドキュメンタリーで知ったんじゃないかと考えた。

翌日、マイケルと私は謎の解明を願って、ケン・バーンズ番組の例の回を最初から最後まで観た。でも一九七〇年前の野球史に触れた部分はなかった。そこで私たちは、クリスチャンがこの情報に出くわしうる他の形を調べることにした。生まれて以降、彼が私たちの目の届かないところにいたのは、まれに私の母に面倒を見てもらったときか、または幼稚園にいる間だ。しかし母とB夫人は、自分の世話中に彼が野球トリビアを学んだことは絶対ないと断言した。それでマイケルと私はともに、クリスチャンが外部からこの情報を得る方法はなかったと確信した。B夫人は、息子の言葉を空想として片づけないように、とアドバイスをくれた。

「この年齢の子供はとても神に近いんですよ。この子たちの心は純粋な愛なんです」

私は自分で子供を持つ以前、小さな子供の目を見つめると、古い魂がこちらを見つめ返しているように感じることがよくあった。そして目の奥に説明しようのない、年齢を超えた英知を持っているように見える子供のことを、〝古い魂〟という言葉でよく表現した。でもこのときは……自分自身の息子が、生まれるずっと前の時代のことを史実どおりにしゃべるなんて、率直に言ってゾッとした。私が〝古い魂〟から〝輪廻転生〟へ話を飛躍させるのが嫌だった理由は、自分のキリスト教徒としての信条と、完全に矛盾してしまうからだ。私はずっと、死後の魂の最終目的地は天国だと教わっていたのだ。しかしそんな内側の葛藤にもかかわらず、息子に何が起こっているのか解き明かそうと決意をした。

答えを探し求めるうちに、キャロル・ボーマンという女性を見つけた。彼女は、『子どもはみな前世を語る』（ＰＨＰ研究所）という本の著者だ。彼女の名前を見かけたのは、ジェームズ・ライニンガーという少年との彼女の仕事について書かれた、二〇〇五年のＡＢＣニュースの記事だった。この少年は、第二次世界大戦中に戦闘機パイロットだった過去生の情報を両親に語ったのだが、その内容がきわめて具体的だったため、両親はその男の名前をジェームズ・ヒューストン・ジュニアと特定できた。ジェームズ・ヒューストンの七十八歳の姉でさえ、この少年が自分の亡き弟の魂の生まれ変わりだと信じた。なぜなら少年は彼女の家族について、誰も知りえない個人的な情報を細かく明かしたからだ。私がこの話に共鳴したのは、この少年の飛行機への強迫観念がクリスチャンの野球へのそれに似ていたからだ。

ジェームズ・ライニンガーの両親の報告によれば、その息子は二歳になる頃には、目覚めている瞬間のすべてが飛行機と戦争を中心にまわっていたという。ジェームズが前世について非常に細かいことを明かすのは、就寝前のうとうとしたときだった。私がこの報告に注目したのは、〝のっぽの野球選手〟だった件についてクリスチャンが話しだすのが、いつも眠る直前か目覚めた直後だったからだ。セラピストであるキャロル・ボーマンによれば、これは、過去生の記憶を伝える子供たちの共通パターンのひとつだという。ジェームズが飛行機事故で死ぬという怖い悪夢を克服できるように、キャロルがライニンガー家に協力したという記事を読んだ後、私はもっと知りたくてすぐに彼女のウェブサイトをひらいた。

でもホームページの「過去生退行セラピー」というタブをクリックしたとき、少しやる気が萎えた。その情報を読むと、過去生と思われるところにアクセスするのに、キャロルが催眠療法の使用を推奨しているのは明らかで、それは私の安心領域をはるかに越えていたのだ。

次にクリックしたのは、「子供たちの過去生」と書かれたタブだ。ここに、過去生を思い出す子供たちに関する、キャロル・ボーマンの二十五年間の研究の概要があった。キャロルの経歴には、自身の子供全員が以前に生きていたときの知識を示したので、子供の過去生記憶についての研究に関心を抱くようになった、と書かれていた。ウェブサイトでは、わが子が過去生を思い出していると考える親のために、ふたつの選択肢を提示していた。ひとつは一般の意見交換会に参加すること、もうひとつはキャロルに直接連絡をとることだ。私は他人に自分たちの話を打ち明けるという選択肢は捨て、キャロル・ボーマンに個人的にメールをするほうを選んだ。私たちの状況に何か手がかりを与えてくれたらと、すがるような思いだった。でもじつは深いところでは、クリスチャンの過去生の話が本当かもしれないと考えたからって、私たちの頭が変なわけではないと、キャロルに認めてもらいたかったのかもしれない。

キャロルの返信は、私がメールをしてから二十四時間もしないうちにきた。UCLAで大学生だった頃に、自分が何も知らない教科について話す教授の講義を聞いたときのように、一言一句かじりつくように読んだ。キャロルのメールによると、過去生をよく思い出す子供は、〝大きかった〟ときや、〝背が高かった〟ときのことをよく話すということで、まさにクリスチャンのようだった。そういう記憶について話す子供たちにとって最もつらいのは、ひとつに、わが子が過去生を本当に思い出していると気づいた親が、ショック状態に陥ることだという。「もしクリスチャンがもっと何か言ったら、何度か深呼吸をして会話を続けるように」と、彼女は書いていた。

彼女の言うこのショック状態は、まさに身に覚えがあった。その数か月間で一度ならず経験していたし、マイケルも同じだった。

キャロルのメールはこう続いていた。「子供の過去生の記憶は、ちょうどあなたの息子さんのように、生来の才能や能力、そして知識として表出することがあります。あるいは第二次世界大戦中の飛行機や、おもちゃの兵隊、ボート、特定の楽器の演奏、馬など、自分の過去生につながるなら何であれ、頭から離れなくなることがあります」

彼女にとってクリスチャンの話が興味深いのは、野球というスポーツに引かれているのが、明らかに私たちが手ほどきをしたからでも教えたからでもないから、ということだった。

「クリスチャンがこれほど幼くして持つ生来の野球の才能が、多くを物語っています。彼がこれらの技能を、野球選手だった過去生で獲得していた可能性は大いにあります」と、キャロルは結論づけた。

彼女の言葉は、私の考えていたことが間違いではなかったと裏づけたが、私を動揺させもした。キャロルは、ベーブ・ルースが所属していた球団の集合写真を息子に見せることで、彼が誰だったかを探ってみてはどうかと提案してきたのだ。大事なのは彼をせかさないことで、ただ写真を見せて本人が昔の自分を認識するかどうかを見るように、ということだった。

「深入りしすぎるのではという心配はしないように。あなたにとって、これが新たな領域であることは私も承知しています。ただ注意深く観察し、クリスチャンが自分の過去生について話すことをすべて書きとめてください。もし彼が過去について話したい気分なら促すのは構いませんが、私の著書にも書いているような、自由回答の形式で質問してください。暗示を植えつけるのではないか、という心配もいりません。彼は正確でない暗示はすべて捨てられます」

キャロルは、これはすぐにでもしたほうがいいと勧めた。なぜなら子供たちが過去について話し、そういう記憶にアクセスできる時間の枠は、とても限られているからだ。いわく、具体的な記憶は一般的に、六歳までに薄れる傾向があるというのだ。しかし過去から引き継がれた才能や興味、それにその他の性格的特徴は、六歳以降も続く子供もいるということだった。私にとってこれはもちろん新たな領域だったが、見てみないふりをするにはあまりにサインが大きすぎた。

第5章

わだかまり

「ゆるすことはかならずしも簡単ではありません。
傷を負わせた相手をゆるすことは、
受けた傷よりも苦痛なことがあります。
それでも、ゆるしなくして平和はないのです」
マリアン・ウィリアムソン

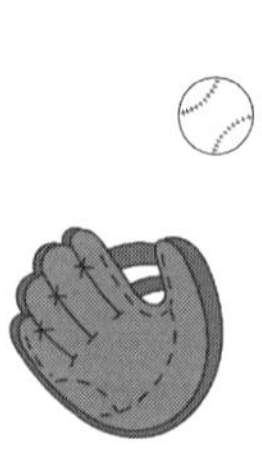

二〇一一年の秋。別の時代で野球選手だったという人生について、クリスチャンがざっくばらんに語るのが、就寝前のお祈りと同じくらいあたりまえの夜の日課になった。彼に魅了された聴衆としてシャーロットと私を傍らに、クリスチャンは〝昔々〟と称する時代に、〝おとなの野球選手〟として生きた人生について鮮明に語った。ドジャースは昔ニューヨークに本拠地があったとか、彼には知りえない情報をしゃべり、「昔々は球場にライトがなかったから、ぼくたちは昼間に試合をした」と言って、私を驚かせることもあった。

キャロル・ボーマンの勧めに従い、私はクリスチャンの言うことをノートに記録し、それを彼のベッド脇の本棚に置いておいた。彼の言うことが正確かどうか調べると、驚いたことに、細かいすべてが本当だとわかった。ドジャースは実際にニューヨークのブルックリンを本拠地とした後、一九五七年にロサンゼルスに移っていたし、それにヤンキースタジアムで照明のもとで初めてナイトゲームがあったのは一九四六年で、それはベーブ・ルースが野球から引退したずっと後のことだった。クリスチャンの発言には一貫性があり史実に即していたので、私もこれには単なる偶然以上の何かがあると信じるようになった。

その秋、マイケルと私は、だいたいはいつもどおりの日常を過ごしていた。自分たちの息子が本当に過去生から情報を得ているという証拠は、ますます増えていて、私は内心キリスト教徒としての信条とそのこととの間で葛藤をつのらせていたが、それについては黙っていた。私たちは、彼が奇妙にもあれこれ明かす内容をひどく心配したわけではないが、執拗にわだかまっているベーブ・ルースへの恨みとなると、話は別だった。この男への嫌悪感があまりに激しいので、シャーロットはじきに、弟を怒らせる一番てっとり早い方法は、「ベーブ・ルース」と呼んでやることだと考えついた。だからよくこの言葉を言い放っては一番近くのトイレに駆けこみ、クリスチャンが仕返しに髪の毛を引っぱってくるのをかわしていた。普段は子供たちの喧嘩にあまりかかわらないマイケルでさえ、ちょっとベーブ・ルースの名前を言うだけでクリスチャンがあんなに波立つなんて、すごく奇妙だと思った。クリスチャンの感情の乱れと涙はまさに本物で、これが関心を引くための行為でないのは、私たちには明らかだったのだ。

　何かきわめて奇妙なことが自分たちの息子に起こっているという点では、マイケルと私の意見は一致していた。でも、それをどう扱うかに関しては意見が異なった。ベーブ・ルース時代の選手たちの写真をクリスチャンに見せて、以前の自分を認識するか見てみるというキャロル・ボーマンの考えをどう思うか、私はマイケルに聞いた。息子が実際に〝のっぽの野球選手〟として過去生を生きたという考えを百パーセント受けいれていたわけではないが、じつを言えば、どの選手だと主張しているのか探し出すという考えは、キャロル・ボーマンに勧められるずっと前に頭をよぎっていたのだ。

「クリスチャンがその話を持ち出しても、きみがただ知らんふりすれば話さなくなると思う」と、マイケルは説き伏せてきた。

　いっぽう私は、息子にもっと思い出させることで、ベーブ・ルースへの理不尽な怒りを手放しやすくなると考えた。それが私の好奇心を燃え立たせた最大の点だったのだ。

　私はマイケルの助言に知らんふりをし、ベーブ・ルース時代のチーム写真を探し出すことで、キャロルに勧められていたように未知なる領域への旅に乗り出した。そして白黒写真をプリントアウトし、クリスチャンのベッド脇に置いたノートに挟んでおいた。その夜の就寝前、日が沈むのと同じくらいお決まりの流れで、クリスチャンがふいに言った。「ベーブ・ルースはいい人じゃなかったよ、ママ」

それを合図に、私は一九二七年のヤンキースの白黒の集合写真をそっと取り出し、何も言わずにクリスチャンに手渡した。彼はそれをじっと見て、ベーブ・ルースを指さして言った。

「ベーブ・ルースのこんちくしょうがいる」

「このチームに、ベーブ・ルースのことが好きじゃない選手はいると思う?」と、私は優しく聞いた。三十人いる選手の中から選ばなくてはならなかったのに、クリスチャンはすぐに、がっしりした体形の大きなえくぼのある男を指さして、自信たっぷりに言った。「この人!」

私はその選手を指さして尋ねた。「この人を知ってるの?」

彼は私の目を見つめた。「これ、ぼくだよ」

シャーロットがクスクスと笑い、私は驚きを隠すため、少し時間をとって写真の束をパラパラめくった。気持ちとしては部屋から飛び出ていきたかったが、落ち着いてというキャロル・ボーマンのアドバイスを思い出したのだ。私はもう何枚か写真を取り出し、他にもベーブ・ルースを好きじゃなかった選手を見つけられるかとクリスチャンに聞いた。どの写真でも、彼はさっきと同じ、がっしり体形の、えくぼの男を指さした。

シャーロットとクリスチャンがまどろみだすと、私はすぐさま階段をおりて仕事部屋に行き、グーグルで「一九二七　ヤンキース　えくぼ」と検索した。

インターネット検索により、クリスチャンが写真で指さしていた男は、ルー・ゲーリッグと特定された。ニューヨーク・ヤンキースでベーブ・ルースとチームメイトだったこと以外で、私がルー・ゲーリッグについて知っていたのは、後に彼にちなんで命名される病気――ルー・ゲーリッグ病――で死んだということだけだった。筋萎縮性側索硬化症、あるいはALSとしても知られる病気だ。息子が過去生でプロ野球選手だったと主張しているだけでもすでに充分困惑していたというのに、今度は恐ろしい不治の病で死んだ選手だったと言わせてしまい、私はますます訳がわからなくなった。

クリスチャンはその二か月前の三歳の誕生日に、私の親友のウェンディから、手描きの野球の絵がついたビンテージ皿を三枚もらっていて、皮肉にもその一枚が、ルー・ゲーリッグがヤンキースタジアムで引退スピーチをしている絵だったのだ。私はそのルー・ゲーリッグ皿をクリスチャンの部屋には飾らずに、見えないところにしまって保管していた。なぜならルー・ゲーリッグがそんな恐ろしい死に方をしたという事実に、なんだか気持ちがどんよりしたからだ。それなのに、二か月前に私がクローゼットにしまったまさにその男が、今や息子の前世を割り出す調査の中心人物となってしまったのだ――輪廻転生を信じているかどうか、まだ自分でもよくわからなかったにもかかわらず。

ベッドに向かう前、私はルー・ゲーリッグの画像を検索するため、グーグルで画像ボタンを押した。するとルー・ゲーリッグとベーブ・ルースがハグしている写真が何枚か出てきた。ホッとしたことに、これらの写真は、えくぼの男はベーブ・ルースが嫌い、というクリスチャンの説と一致しない。やっぱり彼の話にはつくっている部分もあるんだと思った。次の日の夜に、ふたりの男が一緒の写真を就寝前のクリスチャンに見せられるよう、私は何枚かプリントアウトした。もしかしたらこの写真を見れば、ベーブ・ルースへの毒々しい感情を手放すのに役立つかもしれないと思いながら。

翌日の晩、クリスチャンは予想どおり、ベーブ・ルースとルー・ゲーリッグについて寝る前に話しはじめた。

私はこれをチャンスとばかりに、ベーブとルーが肩を組んでいる写真を見せることにした。きっとこれでクリスチャンも、なんだかんだ言ってベーブ・ルースはそんなに悪いヤツじゃなかったと納得する。そう思った。一枚目の写真に写っていたのは、ルー・ゲーリッグと、ヤンキースのユニフォームを着たベーブ・ルースと思しき男だ。クリスチャンはその写真をよくよく眺め、そして言った。「これ、ベーブ・ルースのこんちくしょうじゃない。監督だよ」

写真の下に小さく添えられた文字を見て、私は愕然とした。クリスチャンの言うとおりだったのだ。写真でルー・ゲーリッグの横に立っている男は、ヤンキース元監督のジョー・マッカーシーで、ベーブ・ルースではなかった。この当時クリスチャンは数個しか文字を知らず、読み方も知らなかった。だからわかるが、写真下の文字を彼が読める確率はゼロだったのだ。私もいよいよ、彼は実際にこの人たちに見覚えがあるのかもしれないと思いだしたが、だからといって、彼がルー・ゲーリッグだったという考えには、まだ納得していなかった。なにしろ私の思考領域を完全に越えていたうえに、クリスチャンのベーブ・ルースに対する恨みもこれで説明がついたわけではなかったからだ。他にも見つけた写真では、ベーブ・ルースとルー・ゲーリッグは、お互いのことがかなり好きなように見えたのだ。

その夜子供たちが眠りにつくと、時計のように規則正しく、私はインターネット捜査を再開した。クリスチャンのベーブ・ルースに対するわだかまりの真相を突きとめたくて、グーグルで「誰がベーブ・ルースを嫌いか?」と打ちこみ、夢中で検索した。すると、ベーブ・ルースとタイ・カッブの長期にわたる喧嘩について記事を見つけた。しかしそれによると、タイ・カッブは敵やチームメイトの多くから全般的に嫌われていた。またその記事から推測するに、ベーブ・ルースはかならずしも、フェンウェイパークで感情が爆発するクリスチャンを見た通りすがりの人が言っていたような、〝本当に嫌なヤツ〟だったわけではないにしろ、飲むわ食うわの豪気者として、歴史的に描かれているようだった。型破りな人生にはありがちなことだ。

その後、偶然にも見つけた記事に、体じゅうにビリッと衝撃が走り、身の毛がよだった。もしクリスチャンがその主張どおり本当にルー・ゲーリッグだったとするなら、ベーブ・ルースに対する敵意を完璧に説明する内容だったのだ。読むとふたりはチームメイトで、まれに見る最高の左打者だったことに加え、親友だったのに、大喧嘩をしてそれが変わったという。記事の伝えるところによれば、ルーとベーブは旅友だちで、ゴルフ仲間で、ブリッジの相棒だったのに、球場の中でも外でも無視しあうようになった。来る日も来る日も同じ球団でプレーしていたにもかかわらずだ。ふたりが七年ぶりに無視をやめたのは、一九三九年七月四日、ルー・ゲーリッグがヤンキースタジアムで野球からの引退を発表した日だったという。

続いて記事は、ＡＬＳにむしばまれ、差し迫る死に直面する男の感動的な言葉に、全国民がいかに心を動かされ涙したかを記していた。ルー・ゲーリッグは涙を拭いながら、「今日、私は自分を地球上で一番幸運な男だと思っています。不運を与えられたかもしれませんが、本当に多くの生き甲斐を得てきたのです」と言った。この野球ヒーローはその二年後、三十七歳にして息をひきとった。

記事によれば、ベーブ・ルースは酔ってルーの葬式に現れ、ルー・ゲーリッグの妻はそれに激怒したという。その日ベーブ・ルースが姿を見せたことについて、一家の友人の言葉が引用されていた。「彼はゲーリッグ一家にまったく歓迎されていませんでした。彼らの間には、何年も軋轢がありましたから」

このふたりの男の確執を発見したのがあまりにショックで、私はマイケルに伝えにすぐさま二階に駆けあがった。見ると彼はリモコンを手にソファでぐっすり眠っていて、テレビからはテニスの試合がうるさく流れていた。彼を起こそうと肩に触れると、その瞬間の私の感情とお似合いのビクッとした顔をした。私は何も考えず、とにかくしゃべった。

「マイケル、思うんだけど、クリスチャンは本当にルー・ゲーリッグだったのよ」

口から言葉がこぼれ出たとたん、取り消したくなった。自分の言葉を声に出して聞いて、それがいかに理性を欠いて聞こえるか初めて自覚したのだ。

マイケルは戸惑ったような目で私を見て、「巻き戻して」と言った。私は口早に、この荒唐無稽な宣言をするに至った詳細をしゃべった。クリスチャンがいかに正確に、ジョー・マッカーシーをヤンキースの監督だと見分けたかについて、ルー・ゲーリッグとベーブ・ルースの間にあった確執について、話したのだ。

「それから、あの子にルー・ゲーリッグの写真を見せたら」。私は落ち着くため呼吸をした。

「ゲーリッグの顔を指さして、言ったのよ……これ、ぼくだよって」

マイケルは私の仮説に興味をそそられたように見えた。ところが、「もう寝ようよ。それと、朝はこれについて話さないようにしよう。いいね？」と言った。

そんなわけでふたりともベッドに入ったが、私は何時間にも思えるほどずっと、寝返りを打ちつづけた。頭の中では、クリスチャンが怒って小さなバットを振りながら、ベーブ・ルースの大写真を指す映像が浮かんでいた。

第6章
ルー・ゲーリッグを見つける

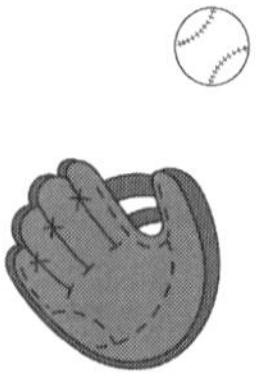

「ここに来る前は（ルー・）ゲーリッグについて聞いたことがなくて、
漫画のキャラクターになるのはベーブ・ルースだって、
ずっと思っていました。本当に。
だって、私は一九六一年生まれでインディアナ育ちですから」
ドン・マッティングリー（ヤンキースのレジェンドでMLB監督）

翌朝、マイケルにこの話題は持ち出さなかった。これについてはもう話さないようにしようと言ったときの彼が、半分本気だとわかったからだ。マイケルは野球について話すこと同じくらい、息子がルー・ゲーリッグだったと主張する件について話すことにも興味がなかった——全然。皮肉にも、ちょうど私がクリスチャンを信じはじめ、それについてもっと話しあいたくなったとき、マイケルはこの会話を打ち切りたがったのだ。

クリスチャンを幼稚園に送りとどけた後、幼稚園の駐車場で親しいママ友にばったり会った。

とっさの判断で、私はその数か月間クリスチャンが教えてくれたことについて、彼女たちに話しはじめた。サラとウェンディは子育てについてなら何でも打ち明けられる親友で、三人ともひとりめの子がまだおむつをしていたときに、母親も参加する幼児教室で出会った仲だった。私は先の見通せない不確かな流れを進むのに、彼女たちが助けになってくれたらと思っていた。ふたりは私の私生活の細かいところまで知っていたが、ほかならぬこの秘密を明かすのはかなりの勇気がいった。それほど個人的なことだったのだ。

ところが、クリスチャンが「ほとんど毎晩ホテルに泊まった」とか、「パパみたいにのっぽ」だったときは列車で移動していたとか言った、とふたりに告げたとたん、会話が下降路線に入った。

「ちょっと、待ってよ、キャシー」と、信じられないという面持ちでウェンディが言った。

「そんな情報、どこでだって拾えるわ」

サラが笑ってつけ加えた。「絶対に作り話。三歳児ってそういうものよ」

私だって、ふたりの言うことが正しいと信じたかった。でも、心の中で真実だとわかっていることは否定できなかった。こういった情報は、クリスチャンには知りようがなかったのだから。その後、熱心なキリスト教徒であるウェンディが、私をナイフで切り裂くようなことを言った。

「あなたも神に背きたくはないはずよ、キャシー」

以前にも生きていたと言う息子を信じるのには、すでに罪悪感があった。それなのに、今度はこれ？

友だちが私の求めていた安らぎを与えてくれなかったとき、私は応援を求めて母に頼った。クリスチャンが一九二〇年代に野球選手だった件について話していた全部を母に告げ、さらに幼稚園の駐車場でサラとウェンディに打ち明け話を一蹴されて、私がどれだけ打ち砕かれたかも話した。母はクリスチャンの明かす話は奇妙にも符合していると考えた。でもアドバイスとしては、深く考えすぎないようにということだった――クリスチャンの話についても、これは息子の空想じゃないとサラとウェンディを納得させたい、という私の欲求についても。

私は母のアドバイスを聞きいれ、このことに知らんふりをして、いっそなくなってしまえばいいと願った。けれど数日経ち、答えを探せというくすぶる心の声を無視できなくなった。私は息子が大好きになっていたこのルー・ゲーリッグという男について、もっと知りたかった。ALSで早世したということ以外で彼が有名な理由は、一九二〇年代から三〇年代にかけてヤンキースの先発一塁手として活躍し、二、一三〇試合連続出場したからだと調べてわかっていた。けれど私はその伝説の背後について、もっと知りたかったのだ。

ルー・ゲーリッグについての記述を読むと、どれも彼を〝鉄の馬〟と呼んでいた。その比類なき労働倫理の高さと、多くの打撃記録の結果ついたニックネームだ。その記録のいくつかは、いまだ破られていない。ルー・ゲーリッグが崇められたのは、球場での偉業だけでなく、その高潔さと清廉をもって知られる暮らしぶりゆえだった。ベーブ・ルースが一九二〇年代を象徴する大酒飲みと女遊びの申し子だったいっぽうで、ルー・ゲーリッグは厄介ごととは無縁だった。チームメイトが真夜中過ぎまでどんちゃん騒ぎをするいっぽうで、ルーは早寝早起きで、睡眠を九時間から十時間とるのを自慢にしていた。また、ルーは三十歳まで両親と暮らしていた。その野球への情熱については、一九二七年にスポーツ記者が、「ルー・ゲーリッグは食事よりもむしろ野球をするほうが好きらしく、野球選手として多くを物語る一面だ」と伝えている。クリスチャンにも同じことが言えるので、この部分は私にとってはとくに滑稽だった。

　ルー・ゲーリッグが一九〇三年生まれと読んだとき、クリスチャンが教会のキャンプで〝まえに子供だったた〟とき、〝明かりに本当の火〟があった、と言っていたのを思い出した。私は決して歴史通ではないので、一九〇〇年代初めに家の中をどう照らしていたのか見当もつかなかった。調べてみると、ルー・ゲーリッグが生まれたのは、ニューヨークの路地が電気で灯されるずっと前だとわかった。ガス灯から電気灯への転換が完了したのは一九二〇年代で、クリスチャンが言っていたように、ルー・ゲーリッグの幼少期の家で実際に〝明かりに火〟があったということは、大いにありえた。

すべての道がルー・ゲーリッグに通じるように見えたとき、私はある夜、就寝前のクリスチャンにルーの両親の写真を見せようと決意した。私のつくったニセの名前リストから、彼が両親の本当の名前を識別できるか確かめたかった。

「クリスチャン、この写真の男の人を見て。この人の名前はジョセフ？」

「いいや」。彼はすぐに答えた。

私が正しくない名前をもう五つ次々に言うと、彼は毎回いいやと言った。その後、本当の名前を言うときになった。

「この人はハインリッヒ？」

クリスチャンは首を横に振った。「いいや」

このなぞなぞごっこで息子を疲れさせてしまったと思ったとき、写真の下の小さな文字が目に入った。そこには、ルーの父親ハインリッヒ、通称〝ヘンリー〟、と書かれていたのだ。私は写真の男をもう一度指さして聞いた。「この人はヘンリー？」

「うん」と、クリスチャンは落ち着いて言った。まるで常識のように。

その後、このちょっとした実験をもう一度、今度はルー・ゲーリッグの母親を正しく識別できるかで試した。私はさっきと同じ写真の女性を指さして聞いた。

「この人はメアリー？」

クリスチャンは自信たっぷりに答えた。「いいや」

それから、私が口早にニセの名前を三つ言うと、毎回いいやと言った。その後、私は聞いた。

「この人はクリスティーナ？」

「うん！」。今回も正解だった。クリスティーナが本当の名前なのだ。

クリスチャンは写真をじっと見つめ、その女性の顔を見て言った。「ママ、どうしてあのときあそこにいなかったの？　ぼく、ママのほうが好き」

これは彼が言っていたことの中でも飛びぬけて奇妙だったが、その数秒後、彼はさらに奇妙なことを口にした。クリスティーナ・ゲーリッグの写真を指さして、こう言ったのだ。「ママはこの女の人だった」

私の腕から首の後ろへと鳥肌が立ち、頭の毛が逆立ちそうになった。

私は話題を変えようとして、ヘンリーとクリスティーナは車を持っていたか、クリスチャンに聞いた。彼は、「車はよその人しかもってない」と答えた。それからシャーロットと私に、ふたりとも煙草を吸っていたと話し、シャーロットがクスクス笑った。私はふざけて彼を引き寄せて抱きしめたが、彼が抵抗しているのがわかった。彼は考えこむようにその写真を見つめつづけ、ついに沈黙を破り、また言った。「ママはこの女の人だったんだ」

かすかに私の身が震えた。そして明らかに、クリスチャンはちゃんとわかってもらいたがっていた。私が同意したふりをしてうなずくと、シャーロットが身を乗り出してきて、私の耳元でささやいた。「ほんとに気味悪くなってきたね」

私がクリスティーナ・ゲーリッグだったという彼の主張については、さほど考えなかった。というのも、彼が自分の生きるふたつの世界——本人の主張する野球選手としての過去生と、現在の人生——を、自分なりに結びつけたのだろうと考えたからだ。とはいえ、彼がルー・ゲーリッグの両親をちゃんと識別できたのは、衝撃だった。それに、ルー・ゲーリッグの母親が移住前に住んでいた北ドイツの地域を読んで知ったときの私の驚きといったら、少しくらいのものではない。マイケルの両親が生まれ育ったのと、まさに同じ地域だったのだから。さらにもうひとつ、運命の奇妙ないたずらで、私の母方の祖母もルー・ゲーリッグのようにドイツ移民の娘で、一九〇〇年代初めにシカゴ近郊のとても貧しい地域で育っていた。家計のやりくりに苦労していたドイツ移民のゲーリッグ家が、電気や自動車を手に入れた最後のほうの家族だった可能性は大いにある。これは、「車はよその人しかもってない」というクリスチャンの説とぴったり符合した。

それに、クリスチャンとルー・ゲーリッグには、不思議と身体的に似た点があることも引っかかっていた。ふたりともドイツの伝統を引き継いでいることに加え、ともに左利きで、大きなえくぼがあり、それも左のほうが右よりも目立って大きいのだ。キャロル・ボーマンにふたりの身体的類似点を指摘されて、身体の特徴が次の人生に持ち越されることはかなりよくあると教わるまでは、私もこれが意味のあることだと思っていなかった。

感謝祭の休み前の幼稚園最終日、サラの誕生日祝いのため、私は彼女とウェンディとで、お気に入りの朝食スポットで集まった。そしてよくないとは思いつつも、クリスチャンの過去生話をついまた持ち出した。彼が写真のルー・ゲーリッグの両親をいかに正しく見分けたか、興奮して話してしまったのだ。でも彼女たちを納得させようと私が力説すればするほど、ふたりとも引いていった。彼女たちは一致団結しているように見え、そしてサラはふたりの意見を代表してそっけなく、「本当に立ち直らないと、キャシー」とさえ言った。

彼女の言葉が突き刺さり、その瞬間、私は今後サラとウェンディとの会話はもっと軽い話題に限定する、と意識的に決意した。

第7章　憑《ひょう》依《い》か、それとも頭がおかしいのか

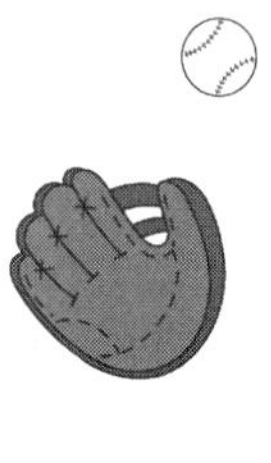

「あなたがたは、これらの小さい者のひとりをも軽んじないように気をつけなさい。
あなたがたに言うが、彼らの御使たちは天にあって、
天にいますわたしの父のみ顔をいつも仰いでいるのである」
マタイによる福音書　十八章十節（出典：日本聖書協会『聖書　口語訳』）

人生で初めて、何を信じたらいいのかわからなくなった。まるで激しく揺れる振り子に必死でしがみついている気分だった。自分の中のキリスト教信仰からは、輪廻転生の解釈を軽視していると断じられ、そのいっぽうで直観は、ともかくありうることなのだと告げていた。何か自分の理解を超えたことが起こっているのはたしかだった。自分の教会の牧師に何が起こっているかを話すのは、怖くて身がすくんだ。そこで代わりに、良き友人のワイアット牧師に打ち明ける選択をし、私が進むべき道を探す助けになるか見てみることにした。

マイケルと私がワイアット牧師に出会ったのは結婚前で、彼が私たちのロータリークラブに入会してきたときのことだ。お互いをより深く知るようになったのは、彼が私たちの結婚前カウンセリングをしたときだ。そしてマリブ・ビーチでの結婚式で司式してくれてからは、三人とも一生の絆で結ばれた。その後まもなくして、ワイアットはモンタナ州にあるルーテル教会の主任牧師となるため、妻と娘を連れて引っ越していった。ワイアット牧師との連絡は、毎年のクリスマスカード交換やフェイスブックでのやりとり、それにときおりメールをするまでに減っていた。ワイアット牧師の信条は私よりもずっと保守的だったが、どちらも霊性についての良き議論を避けることはなく、互いに見解の相違を認めあうこともしばしばだった。

ワイアット牧師との直近の論戦は、彼がフェイスブックに投稿した計画についてで、〝悪霊〟と称するものに棲みつかれたと報告される家に、神の加護を祈るという内容だった。あなたの言う超常現象的な霊の出現というのは、まだ天国への道を見つけられずに留まっている魂なだけかも、と私がほのめかすと、ワイアット牧師は、人なつこいお化けみたいなものが存在するとは信じていない、という考えをはっきり示した。私は生粋の〝悪〟と感じる人には一度も出会ったことがないし、〝悪霊〟のようなものが存在するという考えにも共感しないとコメントし、それでその件でのフェイスブック上のやりとりも終わった。私は彼の見方に悲しくなったが、それでもなお、お互いの友情は尊重した。

私は慎重に四ページにわたる手紙を書き、息子が過去生で野球選手だった可能性を信じるに至った、最近の出来事をひととおり説明した。そして私たちの状況について彼の見解を聞くため、メールでワイアット牧師に送った。送信ボタンを押した直後、恐怖がドッと押し寄せてきた。第二次世界大戦中に戦闘機パイロットだった過去生を語った少年、ジェームズ・ライニンガーについて、インターネットで読んだときのことを思い出したのだ。記事の下のスレッドには、ゾッとするようなコメントが並んでいた。そこでの保守系キリスト教徒たちの総意は、この子は悪魔祓いを要するただならぬ状態だというものだった。それは違うと、私も心の中ではわかっていた。でもやはり頭の中からは、映画『エクソシスト』でリンダ・ブレアの首が回る、あのシーンが離れなかった。［訳註：少女に憑依した悪魔と神父の戦いを描く、一九七三年のアメリカのホラー映画。悪魔祓いの儀式中に少女の首が回るシーンがある］

ワイアット牧師からの返信が数時間で受信ボックスに入ってきたとき、ドキッとした。内容は白黒はっきりしていて、私の最大の悪夢が現実になった。ワイアットは正面切って、クリスチャンは憑依されているか頭がおかしいかのどちらかだと思う、と言ったわけではない。でも彼の言葉が重くのしかかり、私はすぐにそれが結論なんだと考えた。最初の一行を読んで胃が気持ち悪くなった。それは聖書の一節だ。「そして、一度だけ死ぬことと、死んだ後さばきを受けることとが、人間に定まっているように」（出典：日本聖書協会『聖書　口語訳』ヘブル人への手紙

九章二七節）

これはワイアット牧師が言葉で私を崖から突き落として、手遅れになる前に死の淵から救い出そうという試みだと私は受けとった。しかし聖書のこの一節が、輪廻転生の事例に対する経験的反証になるとは思えなかった。聖書には、「一度だけ死ぬことが人間に定まっている」と書いてあるが、だからといって魂が生《せい》を一度しか体験できないと言えるだろうか？　同じメールの中で、ワイアット牧師は私たち家族のために祈ると申し出た。そして、息子の話を信仰ある人々に話そうものなら、激しい反発に遭いかねないと優しく警告をしてきた。どうやら、息子が死んだ人に憑依されていると思われかねない、と言いたいようだった。最後にワイアットは、「『子供っていうのは、突拍子もないことを言うものだ』と言ったのは、アート・リンクレターじゃなかったか？」と聞いてきた。私は彼の意見と祈りに対して礼を書いて返信した。でも社交的な言葉の下では、かつてないほど葛藤を感じていた。

以前に誰かが、「自分自身を見つけるには、道に迷う必要がある」と言うのを聞いた。私は自分が四十四歳にして道に迷うなんて、思ってもみなかった。自分探しの旅に出かける気力もそういう傾向も、私にあるとは思っていなかった。でもこのとき、旅が私を見つけたのだ。ワイアット牧師のメールにより、私はもっと深く調べて、輪廻転生の宗教的なルーツの奥まで掘り下げようという気になった。とくに見つけ出したかったのは、なぜキリスト教では人生を一度ならず生きるという概念が相いれないのか、という点だ。ところが調べてみると、聖書のどこにも輪廻転生は扱われておらず、まして禁じられてもいなかった。とても意外なことに、輪廻転生——あるいは、大昔の宗教的教えで呼ばれる〝再生〟——を否定する言葉は、聖書のどこにも見つからなかったのだ。

驚愕の発見は、〝先在〟［訳註：肉体の形をとる前から存在しているという考え］や〝再生〟の概念は、ほぼすべての宗教で不可欠であり、キリスト教も西暦三二五年まではそうだったということだ。その年、ローマ皇帝コンスタンティヌス大帝が、〝再生〟について話すのは教会に対する異端行為だと決めたのだ。西暦三八五年までには教会と国家は完全に結びつき、輪廻転生について話すことはもはや単なる罪ではなくなり、死刑に匹敵する犯罪となった。男も女も子供も、輪廻転生あるいは、魂の〝再生〟や〝先在〟の概念を引き起こす人の虐殺は、十五世紀に入っても続いた。十六世紀までには、神秘主義の地下集団を除けば、これらの概念はキリスト教の教えから消し去られたのも同然だった。ひょっとして、私が輪廻転生を信じることに覚える罪悪感は、何世紀も前に起こったこの血塗られた宗教的迫害からきているのだろうか？　そう思い、私は答えを求めてキリスト教徒としての信条の外に足を踏みだす自分を、徐々にゆるしはじめた。これにより、未知を自由に探索する感覚が新たに解き放たれたのだった。

私がイアン・スティーヴンソン博士の研究にのめりこんだのはこのときだ。医学博士で精神科医のスティーヴンソン博士は、バージニア大学医学部の知覚研究所の所長として、子供の過去生記憶や臨死体験の調査に四十年を捧げた。彼の輪廻転生に関する研究は、主に幼い子供を対象としていたが、それは彼らの人生経験が限定されているので、過去生からとしか説明がつかない記憶の発見が可能になると思ったからだ。各事例で、彼はあらゆる手段を使って、子供がそれまでに接したすべての事柄を割り出した。過去生の記憶とされる情報を、現在の人生で学んでいた可能性を排除するためだ。過去生を思い出す子供たちについて、スティーヴンソン博士が確認した二千五百の事例は、厳然とした科学的証拠だったので、私はかじりつくように読んだ。好ましかったのは、彼自身が懐疑的で、自分で調査した事例を、どんな労も惜しまずに反証しようとしたという事実だ。

超心理学者としてのスティーヴンソン博士の発見を理由に、彼をダーウィンやガリレオにたとえる人もいた。どちらも同じ時代の人々からは、その型にはまらない発想ゆえに蔑まれ、ばかにされていた。バージニア大学では彼の同僚の多くが、精神衛生カリキュラムの主任が超常現象の調査を推し進めることに、反対していた。それでもなお、彼は「肉体の死を超えて存在しつづけるのは何か」という古くからの疑問を探究することをやめなかった。スティーヴンソンは世界中を旅して家族に対面し、話を聞き、そしてその子供の記憶が有効かどうかを確認した。

最終的には本人も他の人々も、幼児の口から出てくるこういった回想は、魂の永遠性を科学的に証明するカギだと確信した。スティーヴンソンによると、過去生の記憶をとどめているのは、ほんの数パーセントの子供だけだ。輪廻転生をほぼ皆が信じていて、常軌を逸した何かとは考えられていないインドでさえも、スティーヴンソンと同時代のデビッド・バーカーとサトワント・パスリチャの研究によれば、四百五十人中ひとりくらいしか過去生を思い出さないという。

スティーヴンソン博士の事例研究は、すべて同じ手順でおこなわれていた。対象となったのは、過去生について話し、家族の誰も聞いたことのない人や場所について情報を明かす子供で、通常はまず二歳から四歳だ。事例の大多数で、回想にはその主張を裏づけるような、奇妙な行動が伴っていた。研究の対象となった子供たちは、家族が記憶を抑えつけようとしたケースも含めて、通常は数か月から数年間記憶を話しつづけた。

各事例で、スティーヴンソン博士は厳正な科学的手法を用いて、子供の記憶がまだ鮮明なうちにインタビューをした。また報告された事実は、現在の人生での経験からは知りようがないということを確認するため、家族にも広範囲にわたる質問をした。研究対象となった子供の多くが、〝大きかった〟ときのことについて話し、別の人生での出来事を生々しく思い出し、そして年齢を超える能力を、教わっても学んでもいないのに示していた。中には、それまで接したことのない言語をしゃべる子もいた。スティーヴンソン博士が子供の過去生記憶を評価する基準は、見たところ、私たちの息子が示していた行動や発言と驚くほど類似していた。

読んで少し不安になったのは、前世の病気やケガの結果として、先天性の痣《あざ》や異常を今生で受け継ぐことがある、というスティーヴンソン博士の理論だ。博士がこの現象に個人的に関心があったのは、彼自身が幼児期から気管支欠陥があったからという。これは私には訴えるものがあった。なぜなら、クリスチャンが自分だったと主張する人物は、病気に命をとられて早世しているからだ。クリスチャンは生まれつき顕著な痣や欠陥があったわけではないが、喘息の発作に苦しんだことはあり、生後六か月の頃から年に平均で三、四回、病院の緊急治療室に行かなくてはならなかった。母親として経験した中で、息子が息をしようと必死でもがくのを見守りながら、眠れない夜をすごすほどつらいことはなかった。だからスティーヴンソン博士の一見強引な理論にも、何らかの真実があるのだろうかと考えずにはいられなかったのだ。

私はもはや、輪廻転生の概念がキリスト教徒としての自分の信条に合わないからというだけで、過去生で野球選手だったという息子の主張を否定することはできなかった。他人に批判されることも前より気にならなくなり、真実を追求しようという覚悟がいっそう強まっていた。

そんなとき出合ったのがバビロニア・タルムードの中の美しい教えで、これがなかなか説得力があった。この中世のユダヤの律法集によると、子宮の中には天使ライラが住んでいて、胎児を生まれるときまで見守っているという。この天使は、胎児に生《せい》の神秘やその子自身の魂について、知るべきすべてを教える。いよいよ生まれるときになると、天使ライラはまるで「シーッ」と言うかのように自分の口の前に指を置き、それからその子の上唇を押して、記憶をすべて忘れさせる。神話によると、こうして子供の唇に軽く触れることで、人中《じんちゅう》と呼ばれる小さなくぼみが残る。私たち皆にあるものだ。もしかすると天使ライラが唇を充分強く押さなかった子供もいて、だから彼らは魂の記憶を携えて今生にやってきたのかもしれないと、私はそんなふうに思いはじめた。

安堵のため息が出たのは、ワトキンス書店の発表した二〇一一年の「最も精神的に影響力のある、今も生きている百人」をたまたま見つけたときだ。そのリストには、魂の永遠性や人生は一度きりではない可能性を説く、高名な精神的指導者たちが名を連ねていた。そしてローマ教皇ベネディクト十六世は三十位にすら入っていないというのに、二位はダライ・ラマだったのだ。慈悲の仏陀の生まれ変わりであり、他のチベット僧たちの十四番目の生まれ変わりと広く信じられている彼だ。中国のチベット侵略に対する非暴力の抵抗で、ノーベル平和賞まで受賞していて、結構いけている。その夜、私はベッドの中で、うとうとしている夫に聞いた。

「ダライ・ラマが憑依されてるって言いがかりつけた人、いると思う？」

彼は毛布を引っぱり寄せていっそう繭にこもるように身を丸め、ボソボソと言った。「その話はもう忘れてくれよ」

忘れるなんて無理だった。でもマイケルにはなるべくこの件を持ち出さないよう、精いっぱい努力した。祝日が近づいていたことが、私たち両方にとってちょうどいい気晴らしになった。十二月のクリスマスにクリスチャンがサンタにお願いしたのは、〝大きくて、やわらかいベース〟と、チョークのベースラインを書く機械だけだった。そしてその願いは叶った。

二〇一一年のとくに良かったことのひとつは、シャーロットとクリスチャンが初めて補助輪なしで自転車に乗るのを見たときの、思いがけない喜びだ――ふたりがその技を習得したことではなくて、自分自身でバランスをとっているとわかったときの、その純粋な喜びの表情が見られたことが良かったのだ。私たちはそれを見て、バランスを維持するには前を見て前進しつづけなくてはならない、ということを思い出した。フラフラしているときはとくに。この教訓は人生のまさにこの時期、家族全員にとって役に立った。

第8章 スプリング・フィーバー

「あれが春の到来を告げる本当の前触れだ。
クロッカスが咲くとか、
カピストラーノに燕が戻ってくるとかじゃなくて、
バットに球があたる音がね」
ビル・ベック（MLBの元球団オーナー）

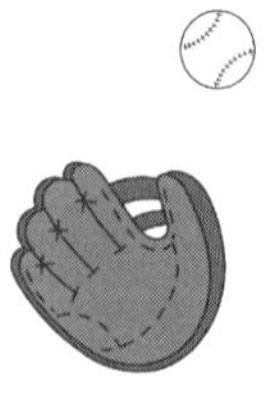

春がきて、私たち家族はリトルリーグ野球というサブカルチャー界に入った。三歳半という成熟年齢のクリスチャンは、人生の半分以上もの間この瞬間を待ち望んでいた。彼がリトルリーグのTボールに入るには、年齢的にまだ数か月足りなかったのだが、私がリーグの会長にかけあい、野球狂の息子のために例外を設けてもらったのだ。こうして土埃の舞うマウンドのある芝の球場は、私たちにとって第二のわが家となった。当時は、マルコム・グラッドウェルの『天才！――成功する人々の法則』（講談社）という本がかなり流行っていた。それでマイケルと

私はよく冗談で、グラッドウェルの薦めるどんなスキルも一万時間練習すればマスターできる、という域に、うちの三歳の息子もあと少しで到達しそうだと言っていた。

毎日クリスチャンが打球と捕球と投球にかける時間は、こっちがたじろぐほどだった。小さな体を休みなく動かし、ペースを落としたがらず、眠っているときさえも例外ではなかった。熟睡中にベッドから上体を起こし、「フライ、こっち！」とかなんとか、寝言で言うこともたまにあったのだ。リトルリーグ野球のシーズン開幕により、ありがたくも彼の野球愛のはけ口ができ、私はひそかに願った。チーム入りを体験していることで、ヤンキースやルー・ゲーリッグについて話すことから、彼の関心がそれていけばいいと。

皮肉にも、クリスチャンがＴボールの練習に初参加しているときに、アダム・サンドラー映画のセットで彼がバッティング練習をする様子が、ＭＬＢネットワーク［訳註：メジャーリーグ野球の専門テレビチャンネル］の《インテンショナル・トーク》という番組で紹介された。元アスリートの司会者が冗談まじりに、三歳児がレッドソックスの合宿に引き抜かれたと伝えた。そしてお笑い風にクリスチャンの実績や、公開間近のアダム・サンドラーのコメディ映画『俺のムスコ』に、野球少年のチョイ役で出演することを紹介した。

ＭＬＢネットワークでニュースになったのは少々驚いたが、その数日前にはさらに衝撃的なことがあった。自宅近くの坂でジョギングをしている最中に、片親違いの姉妹のローラから電話がかかってきたときのことだ。彼女は開口一番、「クリスチャンがニュースに出てるわ！」と言った。私は最初、《サウザンド・オークス・エーコン》紙という、カリフォルニアの新聞のことだと思った。アダム・サンドラー映画出演の件で、それに記事が出ていたのだ。が、ふと気づけば、ローラはナッシュビルに住んでいて、その記事の件については伝えていなかった。その日のヤフー・ホームページのトップニュースに、クリスチャンとアダム・サンドラーの写真が出ていると聞いたときは、幻想かと思った。これが、私たちが収拾不可能なマスコミ暴走列車に乗りつつあると察した最初の兆しだ。この時点での唯一の選択肢は、その波を乗りきって、ダメージが最小限ですむよう願うことに思えた。そして事の経緯を確認したくて、私は記録的スピードでダッシュして帰宅した。

ふたをあけてみると、地元のスポーツ記者でラジオのトーク番組の司会者、ベン・マラーが、その日の朝に地元紙でクリスチャンの記事を読み、それをもとにヤフー・スポーツに記事を書いたとわかった。ヤフー・ホームページに出たベンの記事の見出しは、「ユーチューブ発の三歳児、野球映画で役をゲット」となっていて、記事には、クリスチャンがアダム・サンドラーと映画の撮影をしている、ユーチューブ動画のリンクも貼ってあった。それから二日間で、その動画は八十万回以上視聴された。少し探ってわかったが、ユーチューブ動画が急速に広まったのは、単なる偶然ではなかった。当時ユーチューブとヤフーは戦略的パートナーで、私たちが経験したのは、古き良き宣伝手法だったのだ。野球について、自分が意図したよりはるかに多くを学んだのと同じように、私はユーチューブについても、望んだよりはるかに多くを学びつつあった。悪口を含む視聴者コメントを削除できるように、親の務めとして何百ものコメントを審査することが、私のやることリストに加わった。

二〇一二年の春、クリスチャンの野球熱が一気に家族内に広がった。その一年前には映画『マネーボール』の野球シーンを観るのもほとんど耐えられなかったマイケルでさえ、九回裏の二死ツーストライクでサヨナラホームランが出るあの瞬間に、やみつきになっていた。クリスチャンはテレビでドジャース観戦をするようになり、堂々としたメジャーリーガーたちに心酔していた。そして私たちはそれに感化されて、ドジャースのシーズンチケットを持つまでになった。これはつまり、美しい夕日や新鮮な空気、打撃練習でのファウルボール拾い、金曜夜の花火、そして家に収まりきれないほどのボブルヘッド人形を求めて、遠くドジャースタジアムまで毎週ドライブすることを意味した。

シーズン開幕直前、ロサンゼルス・ドジャースが、グッゲンハイム・ベースボール・マネジメント社に、スポーツチームとしては史上最高額の二十一億五千万ドルの現金で買収された。私のかつての雇用主、アーヴィン・〝マジック〟・ジョンソンが、ドジャースの新オーナーのひとりとなり、私はそれを知って胸が弾んだ。私はかつて、マジック・ジョンソン財団〔訳註：エイズ予防やIT教育、大学進学など、制度が行き届いていない地域の人々を支援する慈善団体」で、役員《バイスプレジデント》を務めていたのだ。しかし十四年前に、母との不動産業に身を入れるために退職して以降、彼と密接なつながりはなかった。でもこの予期せぬ展開のおかげで、再び友情をあたためる素晴らしい機会ができたのだ。ある火曜日の夜、ドジャースタジアムでばったりマジックに会ったとき、私はクリスチャンを紹介し、ドジャースの始球式で息子に投げさせるという案を出した。マジックはその願いを真剣に受けとったようには見えなかったが、私の粘りをおもしろがっていた。

数日後、シャーロットとクリスチャンを連れて食料品店の通路を歩いていると、ドジャースの本部から電話がかかってきた。電話の主は、三歳の息子さんをドジャースの始球式で投げさせたいと依頼されたと聞きまして同僚と一緒にこうしてご連絡を、と言った。「奥さん、誰だって自分の子供を始球式で投げさせたいものですよね?」。その瞬間、私の認識感覚が反応し、からかわれているとわかった。

私はふふんと笑いながら、「あなた、ロンでしょう?」と聞いた。そしてそれは本当に、旧友のロン・ローゼンだった。彼はマジック・ジョンソンの長年の代理人であり、私が彼の財団で働きはじめる前に面接をしたのが、最初の出会いなのだ。聞けばロンはこのとき、ロサンゼルス・ドジャースでマーケティングの執行副社長をしていた。三人とも大笑いし、私はクリスチャンをドジャースの始球式で投げさせる見込みはない、という残念な知らせを告げられたときも、ユーモアを保った。

彼の具体的な言葉は、「それはないよ」だった。

クリスチャンをドジャースの始球式で投げさせるという願いが打ち砕かれたので、幼稚園の先生のB夫人が、高校野球の始球式で投げられるよう手配してくれた。そして本人がそれをとても楽しんだので、今度は別の友人が、ペパーダイン大学の野球の始球式で投げられるよう手配してくれた。マリブの海岸線を臨む球場で大学生選手たちとベンチに入るなんて、息子にとっては天国にいるのも同然だった。マウンドに立つ彼は居心地良さそうで、その始球に観客は大喜びだった。驚いたことに、翌週《マリブ・タイムズ》紙の一面に、「後ろに気をつけろ、クレイトン・カーショー」という見出しで、息子がペパーダイン大学での始球式で投げる様子が二色刷り写真で出た。そのときの私たちは、クレイトン・カーショーが何者か知らなかったが、ドジャースの投手だろうということはすぐに想像がついた。

大部分は、私たちはクリスチャンの野球熱を楽しんでいた。でもその絶対君主ぶりから、ひと休みできるよう願った日もある。彼は自分が投手役のときは、こっちがボールを打つたびにベースを走ってまわるようせがみ、頭で得点を記憶した。彼が最後のアウトが出たと納得するまでは、家族対抗試合を終わらせるのも無理だった。地元の高校にも足繁く野球をしにいった。あるときクリスチャンは、そこのベンチでごみ箱に入っていた金属スパイクに目をとめた。そしてこの汚い金属スパイクは彼にとって最もかけがえのない物となり、彼は何夜もそれを大切に抱いて眠った。

ある夜、クリスチャンはうとうとしかけたとき、「昔は金属スパイクをはいてたけど、バッター用ヘルメットはかぶらなかった」と言った。これもまた、ルー・ゲーリッグ時代の野球に関する真実だとわかった。調べてみると、金属スパイクが発明されたのは一八八二年で、バッター用ヘルメットがメジャーリーグに導入されたのは、一九五〇年代半ばになってからだったのだ。クリスチャンがこれを言ったときはまだ文字を読めるようになる三年前で、それに彼がこの情報に接したことは絶対になかった。

アダム・サンドラーの映画『俺のムスコ』の公開が迫った頃、地元の《ヴェンチュラ・カウンティ・スター》紙の、リアノン・ポットキーという名前の記者からメールがきた。リアノンは、クリスチャンがユーチューブで発見されて映画出演した件について、読者の興味をそそる明るい記事を書く役目だった。とはいえメールのやりとりから、彼女が映画のチョイ役の件よりも、クリスチャンのあからさまな野球愛のほうにずっと関心があるのは明らかだった。リアノンがインタビューのためわが家に現れたのは、五月の月曜日の午後のことだ。スポーツ――ありとあらゆるスポーツ――についての彼女の知識は、途方もなくすごかった。

いくつかの質問で、彼女がかつて完成されたアスリートだったとわかった。テニス選手だった頃は、激戦区の南カリフォルニアのジュニア大会で、一度といわずセレーナ・ウィリアムズと決勝で戦っていた。ショートヘアで、リトルリーグ野球でも戦い抜いて男子からの信頼も得ていた。野球少女のモネ・デーヴィスが、リトルリーグ・ワールドシリーズで手柄を立てて名を馳せる、ずっと前のことだ。あいにくリアノンのスポーツ選手としての人生は、消耗性の痛みにより阻まれた。ときには極度の痛みで何日も寝たきりになり、友人に食べ物を運んでもらわないといけないこともあったらしい。今回の訪問に先立って、もし痛みがひどかったら日程を再調整する可能性があると予告があったが、この日は大丈夫だった。

　リアノンが到着したとき、クリスチャンはいつものように家族部屋で野球をしていて、シャーロットは目前に迫った自分の七歳の誕生日パーティ用に、粉ジュース《クールエイド》をつくっていた。私はリアノンに、クリスチャンは毎日ぶっつづけで何時間もこの調子だと説明した。アスリート記者はすぐさま仕事に入り、クリスチャンに球を投げ、彼が電子レンジ越えの鋭い打球を飛ばしたり、天井ファンに球を打ちつけたりするのを盛りあげた。そしてクリスチャンの想像上の試合でひとつも体に球を受けることなく、同時進行で質問をして素早くメモをとりながら、見事に投手役と捕手役をこなした。

　好奇心旺盛な記者が、シャーロットにも質問をして弟さんについて一言もらってもいいですか、と丁重に許可を求めてきたので、私は快諾した。リアノンはまず、弟さんはなぜあんなに野球が好きなのかと聞いた。このとき私の最大の悪夢が現実になった。粉ジュースで饒舌《じょうぜつ》になったシャーロットが、クリスチャンの過去生の話をしゃべりだしたのだ。「クリスチャンは、昔のっぽの野球選手だったのよ。ヤンキースで一塁手だったの」と、私がさえぎる間もなく、秘密をばらしてしまったのだ。「弟はルー・ゲーリッグだったんだけど、ベーブ・ルースのことが大嫌い」

私は言葉につまりながら、シャーロットが何を言っているのかリアノンに説明し、「今のはオフレコにしてもらってもいいですか」と頼みこんだ。はいと断言してほしかったのに、彼女がむしろ笑って反応したとき、私の脳裏には「自分をルー・ゲーリッグだと思う三歳児」という見出しが浮かんだ。それを思うだけで、私は心配でよろめきそうだった。

話題を変えようとして、私は皆で二階に上がって、クリスチャンに自分の部屋を案内してもらおうと提案した。クリスチャンは洗濯室の前を通りすぎながら、芝の染みがついた野球ズボンの山を指さして、「あれ、ぼくの野球ズボン」と誇らしげに言った。さらに「芝にスライディングしたら、緑の汚れがついたんだ」とつけ加えると、リアノンは感心した様子を見せた。私が、週に平均で十本は余裕で使うし、こっそり私の目を盗んでファウルカップまでつけて幼稚園に行くこともあると言うと、彼女は笑った。部屋案内では、クリスチャンは大好きな金属スパイクを披露し、マット・ケンプのサインボールをリアノンに見せるときは、興奮で爆発寸前だった。

リアノンを車まで見送ったとき、こう言われた。「あなたを見ていると、キャシー・ブライアンを思い出します。ブライアン兄弟のお母さんの」。誰のことかははっきりわかった。それはキャシーの双子の息子が、当時プロテニスで最も成功したダブルスだったからというだけではない。私がキャシーの夫、ウェイン・ブライアンの書いた本、『「できる子」が育つ魔法のルール』（阪急コミュニケーションズ）の、大ファンだったからだ。キャシー・ブライアンは、子供にスポーツを楽しませつつ、勤勉さと規律の価値を自然に学ばせることを提唱していて、私は彼女のことをコーチとしても親としてもお手本だと思っていた。ウェイン・ブライアンが親やコーチに伝えるアドバイスは、子供の意志に反して無理強いしないこと、そしてつねに、子供がもっとやりたくなるようにすることだった。リアノンは去り際に言った。「クリスチャンは食べても野球、寝ても野球、息をしていても野球くらいじゃ、言い足りないですね」

マイケルは、クリスチャンがルー・ゲーリッグだと主張する件をシャーロットが記者にしゃべったと知ると、顔から火が出そうなほどだった。「そりゃあいい。世間のみんなにうちの子がマヌケだって思われるぞ！」と不機嫌そうに言った。新聞が売店の新聞コーナーに出たとき、クリスチャンの二色刷り写真が、《ヴェンチュラ・カウンティ・スター》紙の一面を飾っていた。写真の上の見出しは、「ベースを離れても決して消えない情熱」。その上には私の言葉が出ていて、「この子は本当に運が良いんです。でも自分では何もわかっていません。本人はただ野球が大好きなだけなんです」と書かれていた。リアノンは、クリスチャンの極端な野球狂ぶりを示す例を数多く挙げ、その野球技術について、「この左利き選手は、バットを振ればほぼ完ぺきなフォームをし、キックしながら速球を放てば鋭い目つきを見せる」と書いていた。

記事の最後は、なぜバットを振ったり球を投げたりするのを絶対にやめたくないのか、という質問へのクリスチャンの答えだった。

「だって、ぼくは野球が好きだし、ずっとしてたいから」

ありがたいことに、クリスチャンが前世でルー・ゲーリッグだと主張する件については、まったく触れていなかった。リアノンは、クリスチャンが家の中で打撃練習をする間、シャーロットが身をかがめてボールをよけながら粉ジュースをつくっていたことを愉快に書いていた。記事に出たシャーロットの言葉は、「弟はいつもこう。お昼ごはんのときも野球をしているの」だった。マイケルと私は、惨事を免れて大喜びだった。

第９章 ぼくを野球へつれてって

「私にはドジャーブルーの血が流れている。
死んだら空の大ドジャーに行くんだ」
トミー・ラソーダ

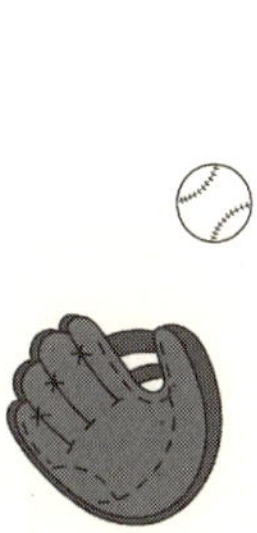

その夏は、シャーロット七歳の誕生日パーティを、学年の終了祝いをかねて地区のプールで盛大にひらき、その後はタホ湖で親戚の集まりがあった。実際にはこの集まりは、私の母と、その一卵性双生児の姉妹、そしてふたりにとって高校時代からの親友の、七十歳の誕生日を祝う一週間の旅だった。私にとって最高の思い出の多くが、このシエラネヴァダ山中にある絶景の湖畔で生まれている。だからこの五年ごとの親戚一同の集まりは楽しみな旅だった。私たちは全員南カリフォルニアで生まれで、結束の固い一族ではあるものの、私の世代が家庭を持って落ち着くにつれ、徐々にアメリカ全土に散らばるようになっていたのだ。

この神聖な地で親戚や家族ぐるみの旧友たちと集うと、時間が後戻りしたかのようだった。子供たちが水上スキーの仕方を覚えたり、透きとおった湖面に浮かぶ岩々をスキップしたりし、それがちょうど七〇年代の私たちのようで、見ていて幻想のような、地上の天国の片隅にいるような気がした。この高山の静養地で一緒に過ごす時間は、クリスチャンが別の人生で野球選手だったと主張する件について、姉妹のような従妹三人と語りあえる絶好の機会だった。そこで私は彼女たちに、ちょうど一年前の教会主催の森林キャンプで、当時二歳のクリスチャンがどんな経緯でしゃべりだしたかを話した。すると意外にも嬉しいことに、ナッシュビルでヨガスタジオを経営するリーアンは、クリスチャンの話がまったくの空想ではない可能性を進んで受けいれた。そのため早速、マイケル、母、シンシアに次いで、私の小さな相談相手リストに加えられた。

タホ湖から帰宅すると、クリスチャンに大きな変化が見られた。ドジャースの試合に行った日は、過去生の記憶について話す傾向がぐっと減るのだ。どうやら彼は、ドジャース選手たちの動きにどっぷり漬かることで、現在に引き戻されるようだった。ベーブ・ルースやルー・ゲーリッグについて話したがらなくなり、むしろ観たばかりの試合を思い返したり、ドジャース選手名鑑をめくって、選手写真を見たりするほうを好んでいたのだ。私はこれに触発されて、その夏シャーロットとクリスチャンを、週に何度もドジャース観戦に連れていくと決めた。クリスチャンを過去から現在に引き戻したいというこの願いこそが、私たちが球場に足繁く通った一番の動機だったのだ。

私たちにとってドジャースタジアムは、新たに一種のディズニーランドとなった。ディズニーと同じくらい個性豊かなキャストたちがいて、私たちは毎試合、彼らに会うのを楽しみにした。観戦のためにはるばるロサンゼルスのダウンタウンまで運転するマイケルの熱意が萎えてくると、友人のシンシアが喜んで彼のシーズンチケットをもらった。スタジアムで子供ふたりから目を離さないでおくのに、彼女はとても頼もしかった。

ドジャースタジアムは狭い山間に立地することから、一般的にチャベス渓谷と呼ばれる。MLBで三番目に古い野球場で、収容観客数は五万六千と最大だ。元オーナーのフランク・マッコートは、ファンの士気低下という問題を残して去り、それを押しあげようという新オーナー陣の努力にもかかわらず、二〇一二年の夏はドジャースの観客数がかなり少なかった。それはつまり、選手たちの控えるベンチ近くに空席がたっぷりあって、そこから席を選べるということを意味した。この場所で、私たちは個性豊かなキャストたちに出会い、家族も同然の仲になったのだ。

ドジャースタジアムの通路を美味しいおやつを運び歩いて五十年、アイスクリーム売りのアーネスト。両手を広げて私たちを歓迎し、こちらのシーズンチケットがずっと上方の最後列エリアだとわかっていても、最前列に連れていってくれるフレンドリーな案内係たち。スタジアムの廊下に並び、安心感を与えてくれる警官たち。シャーロットとクリスチャンは、いつも頼もしい彼らを大いに尊敬するようになった。それに試合の前に青々とした芝をかならず完璧に整えておく、常勤の造園師たち。グラウンドキーパー主任のエリック・ハンソンは、以前ドジャースタジアムの芝について、こう言った。「ごらんのとおり、ここには科学が多く使われている。だが職人技はもっと使われている」。彼の言う職人技と科学の融合は、野球という競技そのものにも大変通じるものがある気がした。それから、どのメジャー球団にとっても心と魂である、ドジャースのファンたち。

ここで仲良くなった我らがドジャースファミリーの面々は、かなり多様だった。しかしひとつ共通していたのは、皆ドジャースの青い血が流れているという点だ。ドジャースの青い血が流れているというのは、もともとドジャースで長年監督を務めたトミー・ラソーダの言葉だ。八十四歳のトミー・ラソーダは、ドジャースの名誉顧問で、ホーム試合にはいつも姿を見せてファンとふれあい、ためらうことなくサインをしたり赤ちゃんにキスをしたりしていた。

我らがドジャース応援席の仲間を率いるのは、しゃっくりピエロ《ヒカップス・ザ・クラウン》という二十歳代後半のヒスパニック系男性で、彼はフェイスペイントをして青い団子鼻をつけ、ピエロ風の大きな靴とドジャースのシャツをまとい、毎試合ドジャース道化師の仮装できめていた。最初に彼に惹かれたのは、写真映えするし、彼が人々を笑顔にするその様が好きだったからだ。けれども道化衣装の奥に隠された本人を知るにつれ、皆が惚れてしまうのは彼の大きなハートだった。

彼はホームレスに食事を与え、小児がん患者の病室に喜びを届ける、実在のスーパーヒーローだったのだ。常勤で働く地元の小児科では、お昼休みにドジャース風ピエロの恰好をして、がん治療中の子供たちを訪問していた。そのうえ何百人も呼び集めて、月に一度ロサンゼルスの貧困地域にいるホームレスに、ピザや衣類を運んでいた。これだけですでに満タンの生活なのに、彼はその合間に九十九歳の祖母の面倒を見て、ドジャースのホーム試合には毎回のように来ていたのだ。

次の友情が生まれたのは、五十歳代の人なつこくてテンション高めのドジャースファンが、クリスチャンの激しい野球愛に気づいたときだった。このラッセルという名のいい感じの男性は、おそらく人生で、たいていのプロ野球選手よりも多く野球の試合をじかに観ていた。野球をモチーフにしたその色鮮やかなアロハシャツだけでなく、彼のモットー「毎日ついてる」で、ドジャースタジアムではよく知られた人だった。売店に行きたいのにクリスチャンを試合から引き離せないときや、シャーロットをトイレに連れていったりするときには、私が戻るまでラッセルが彼を見ていてくれた。

ささやかだった仲間が拡大したのは、ドンとメリーという七十歳代の夫婦に出会ったときだ。

この夫婦は楽しいこと好きで、一試合も見逃すことなく観戦に来ていた。それと、二十歳くらいの娘ふたりを持つお母さん、ロンダという心温かなユダヤ系の女性にも出会った。がんを克服したばかりのロンダは、私たち全員分を合わせたよりもエネルギーに溢れていた。我らが非公式ドジャース・ファンクラブの一人ひとりに、「ポジティブでいよう」と書かれたネックレスをくれ、皆それを毎試合、誇りを持って身につけた。私たちはなぜか完璧に調和する、種々雑多な仲間だった。

シャーロットとクリスチャンは飽きもせず、七回のストレッチで「私を野球につれてって」を歌い「訳註：七回表の後に観客が立って背伸びをし、この歌を歌う慣習がある」、グラウンドの動きが中断すると、かならず観客の間を跳びはねるビーチボールを追いかけた。ふたりとも国歌を暗記し、お気に入りのドジャース選手の名前と背番号をしっかり覚えた。クリスチャンは左利き投手のクレイトン・カーショーにすっかり惚れこみ、彼がマウンドに立つと、何をもってしても気をそらすことはなかった。そしてドジャースタジアムでクレイトンが投げるのをじかに見た後は、この野球狂の息子は帰宅するなりテレビに駆け寄って、試合の再放送を観た。レーザー光線さながらの集中力でクレイトン独特のストレッチとワインドアップを研究し、憧れの二十四歳の投手の動きを完璧にまねできるまで延々と練習した。

彼はこれ以上ないほどクレイトンに憧れている、と私は思っていた。ところが「グラウンド《オン・フィールド》での写真日《フォト・デイ》」として知られるファン感謝イベントで、この堂々たるヒーローと対面する息子を見て、考えが変わった。これは一九七〇年代に始まったドジャースタジアムの伝統行事で、夕方の試合前に、選手たちがグラウンド上でファンとふれあうのだ。腰の高さの柵が設置され、その周囲に大勢のファンが集まる。そして選手たちはその柵内を歩いてまわり、ポーズをとって写真を撮らせてくれるのだ。クレイトンが長蛇の列の熱狂的ファンのために立ちどまって、ポーズをとりながらこちらに近づくのを見て、三歳のクリスチャンは畏敬の念に打たれた。

ついにクレイトンが私たちの目の前に現れたとき、クリスチャンは興奮のあまり完全に凍りついてしまった。私はその氷を解かそうと、例の《マリブ・タイムズ》紙の一面を、クレイトンに手渡した。「後ろに気をつけろ、クレイトン・カーショー」と、おかしな見出しのついたあれだ。クレイトンは笑って、「この子のことなら聞いてますよ。友人がこの子の記事を送ってくれたんです」と言った。きっとリアノンの書いた《ヴェンチュラ・カウンティ・スター》紙の記事のことだと思ったら、そのとおりだった。記事にはクリスチャンの言葉として、好きな選手はクレイトン、と書かれていたのだ。彼は写真撮影のためにポーズをとった後、また大勢のファンの中を歩いていった。

その日クレイトンの寛大な精神を目の当たりにした後、私は彼についてもっと知りたくなった。そこでインターネットで調べると、〈カーショーズ・チャレンジ〉という非営利の財団を見つけた。南アフリカの極貧地域にいる孤児への奉仕を目的として、クレイトンと妻エレンによってつくられた組織だ。この若い夫妻は、クレイトンが三振を一回とるたびに百ドルを寄付していて、そのうえ信仰に基づいて、〝Arise: Live Out Your Faith and Dreams on Whatever Field You Find Yourself（起きあがれ：どこであれ置かれたフィールドで、あなたの信じる心と夢を生き抜こう）〟（未邦訳）という本も書いていて、その利益をザンビアでの孤児院建設に使っていた。夫妻は明らかに他者を助けようという情熱を持っていて、クレイトンはいろいろな意味でお手本となる人に見えた。

また、夫妻は〈カーショーズ・チャレンジ〉の資金集めを目的に、その夏の終わりにドジャースタジアムで、テキサス伝統のホーダウンとバーベキューのイベントを計画中、と書かれていた。それを読んだとき、私は資金集めやイベント企画の経歴があるので、ボランティアで奉仕したいと妻のエレン・カーショーに申し出た。エレンはロサンゼルスに来てかなり日が浅く、この規模の資金集めイベントを催すのは夫妻にとっても初めてということで、役に立ちたいという私の申し出は歓迎された。私は友人のシンシアに助けを求め、ふたりで七月の一か月をかけてスポンサーをかき集め、イベントでオークションにかける寄付の品々を集めた。

エレンとクレイトンの慈善イベントは、ドジャースタジアムの駐車場に設置した天幕の中でおこなわれ、大成功をおさめた。クリスチャンにとって一番良かったのは、クレイトンが見守る中、ドジャースの捕手A・J・エリスにテニスボールを投げたことだ。A・Jがクリスチャンの投げたボールで手を痛めたふりをしたとき、クレイトンは「冗談だよ！」と言って、クリスチャンにハイタッチをした。最終的にクリスチャンを始球式で投げさせることが決まったのは、クレイトン・カーショーがドジャースのマーケティング幹部たちにそう要望したからだった。クレイトンが突っついたおかげで、史上初めて、ちびっ子が始球式で投げる機会を与えられたのだ。このほんの数週間後、クリスチャンは正式に、ドジャースタジアムでマウンドデビューすることになる。

第10章 始球式

「どの野球ボールも美しい。その理想的なデザインと実用性には、どんなこぢんまりしたものも及ばない。

野球ボールは男の手にぴったりの物なのだ。

手にとってみれば、すぐにその目的がわかる。

かなりの距離を――強く正確に――投げられることが、その目的なのだ」

ロジャー・エンジェル（野球コラムニスト）

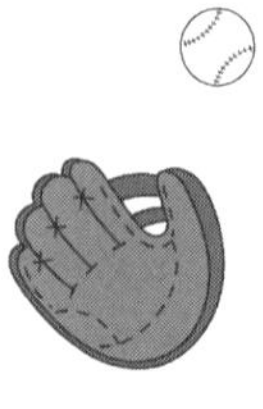

新たな学年が始まった。シャーロットは一年生初日に歯が抜け、クリスチャンは幼稚園初日に、ドジャースタジアムの始球式で投げた。この日がくるまで、クリスチャンは最高に胸を弾ませ、マウンドでの大一番に備えて万全の準備をしていた。クレイトン・カーショー独特のストレッチとワインドアップをまねして、明けても暮れても練習だった。ドジャースタジアムまでの道中、シャーロットとクリスチャンはずっと眠っていたが、マイケルと私は、数時間後に起こりうるあらゆる失敗について考えまいと必死だった。そんな心配の合間に、私たちに会い

にドジャースの試合に向かっている、友人や家族からの電話もさばいた。到着すると、ドジャースの陽気な従業員に本部で出迎えられ、厳重な警備を通過してグラウンドに案内された。するとそこでは、選手たちの打撃練習がおこなわれていた。

試合前のこの儀式のような光景は観客席から何度も見ていたが、壁の反対側から体験するのは、クリスチャンにとって初めてのことだった。本塁に置かれたネットの打撃練習ケージで、選手たちが交代でバッティングをするうちに、音楽がだんだんと空気を満たしていった。メジャーリーガーたちが観客席にホームランを放っているいっぽうで、クリスチャンは本塁の奥で、小さな木製バットでスポンジボールを打っていた。するとお気に入りの選手のひとり、アンドレ・イーシアーがやってきて握手をしてくれ、クリスチャンを感激させた。でもこのドジャース外野手が彼をいっそう印象づけたのは、手から包帯を剥ぎとって、この日打撃練習ができない原因の水ぶくれを見せたときだった。

このほんの数日前、クリスチャンは四歳の誕生日プレゼントとして、シャーロットから特大野球ボールをもらっていた。そしてドジャースのヒーローたちにサインしてもらうために、それをグラウンドに持ってきていた。監督のドン・マッティングリーがしゃがんでボールにサインをし、ポーズをとって一緒に写真を撮ってくれたとき、息子はたまらないといった表情をした。マッティングリー監督とクリスチャンは、その瞬間グラウンド上ですぐに友だちになった。

そのときは私も知らなかったが、ドン・マッティングリーは、MLB選手として過ごした一九八二年から一九九五年の間ずっと、ニューヨーク・ヤンキースの左利き一塁手だった。ちょうどルー・ゲーリッグのように。

観客席が着々と埋まっていくにつれ、スタジアムは興奮でざわめきだした。この夜は先着三万人のファンが、販促プレゼントでマット・ケンプのシャツをもらえることになっていたので、観客の数は普段の試合前より多かった。出番までの残り時間が刻々と減っていき、そろそろ小さな投手も腕をウォーミングアップする時間になった。ドジャースのレジェンド、モーリー・ウィルスがクリスチャンの背後に立ってアドバイスをくれる中、私は捕手役を務めた。投球の合間にちらりと視線をあげて観客席を見ると、ドジャースのベンチ近くで、かつての上司であるマジック・ジョンソンが、トミー・ラソーダの横に腰をおろそうとしている姿が見えた。私にとってはこれが、そろそろ試合前の華やかなセレモニーが始まるという合図だった。

国歌斉唱のため起立するようアナウンスが流れると、私の緊張は最高潮に達した。国家、『星条旗』がスタジアムに響きわたる中、待ち望んでいた瞬間がまさに起ころうとしていることが、ほとんど信じられなかった。音楽がやむと、大スクリーンの映像が切り替わってクリスチャンがにこにこと手を振る姿が映り、アナウンスが流れた。

皆さま、今夜の始球式で投げますのは三歳のクリスチャン・ハープト君です。クリスチャンは、アダム・サンドラーによってユーチューブで発見され、映画『俺のムスコ』で野球をする端役を演じました。左利きで、お気に入りの選手はクレイトン・カーショーです。クリスチャンはウェストレイク・ビレッジに住んでいて、ドジャースのシーズンチケットを持っています。今日は幼稚園の新学期の日でした。ファンの皆さま、どうぞクリスチャン・ハープト君を、温かくお迎えください！

それが、クリスチャンがマウンドに登る合図だった。彼がカメラの前から走り去ると、大スクリーンにはクレイトン・カーショーが映った。クリスチャンと同じユニフォーム姿で、ブルペンで準備運動をしている。その場にいた三万人のファンの視線が注がれる中、私たちの息子は妙に落ち着いていた。自信たっぷりにマウンドに立ち、前傾になりながら笑みを覗かせ、球を持った手を背にやった。そして捕手のサインに首を振るまねをし、頭をゆっくりと上下に、左右に、それからまた上下に振った。憧れのカーショーさながらに腕を頭上に伸ばし、それから力いっぱい球を投げた。捕手のティム・フェデロビッチがその球を拾ってマウンドに駆け寄り、クリスチャンに記念撮影を呼びかける中、沸きあがった歓声に私は息をのんだ。

あの興奮の中でクリスチャンが気づいたかはわからないが、アナウンサーは間違って彼を三歳と紹介した。ほんの数日前に、四歳の誕生日を祝っていたとは知らずに。座席に向かうためグラウンドを出ようとしたとき、クリスチャンはふらりとドジャース・ベンチの階段をおりていき、ドン・マッティングリーからグータッチを受けとった。そして私たちが観客席の友人と家族に合流したとたん、紛れもないあの声が、野球放送の殿堂入りをしたドジャース専属実況アナウンサー、ビン・スカリーの声が大スピーカーから響いた。「ドジャー野球の時間です！」。彼のこの言葉が聞けて、これほど幸せを感じたことはない。

翌朝はインターネットじゅうにクリスチャンの始球式の写真が出て、それを見た友人たちから、留守電や携帯のメッセージが押し寄せてきた。マーク・J・テリルの撮ったAP通信の写真は、FOXスポーツでその日のトップ写真として取りあげられ、午前十時までにMLBのフェイスブックで五万を超える「いいね！」がついた。私たちがユーチューブに投稿した始球式の動画も、あっというまに広まった。けれどありがたいことに、息子はインターネットで自分に集まっている注目を全然気にとめてなかった。ジョー・マクドネルの書いたFOXスポーツの記事は、あの瞬間を最もうまくとらえている。

三歳の映画スターは天才ピッチャー

ロサンゼルス――二〇一二年九月四日の暖かな夜、クリスチャン・ハープトは地元チーム、ドジャースの白いユニフォームを身にまとい、ドジャースタジアムのマウンドに立った。始球を投げる準備は万全だ。

クレイトン・カーショーを手本とするこの左利き選手は、ピッチャーズ・プレートの上に立つと、捕手ティム・フェデロビッチをまっすぐ見つめ、サインにうなずき、そして投げた。球は本塁のだいぶ手前でバウンドしたが、ペナントレースに集まった観客は熱狂した。ハープトがマウンドをおりると、フェデロビッチが駆け寄ってクリスチャンにハイタッチをした――すると観客の喝采はいっそう高まった。

さて読者諸氏は、すでに疑問に感じていることだろう。なぜ数万人のファンが、ワンバウンド投球にここまでの大歓声を送るのかと――それもこの熾烈なプレーオフ争いの最中に。あなたもあの場にいるべきだった。

クリスチャン・ハープトはほんの三歳なのだ。これは誤植ではなく、本当にわずか三歳なのだ。そしてその完璧な動きで――少なくとも天才児として――彼は球をより強く、より遠くまで投げた。チャベス渓谷でのシーズン中、始球式の投手に選ばれた男性と女性、そして子供のほぼ誰よりも。

第11章

殿堂入りの人《ナショナル・トレジャー》

「人生の土台は愛と敬意《リスペクト》だ」
トミー・ラソーダ

ドジャースが五か月間の冬休みから戻るのを待つ間、クリスチャンは昨シーズンのドジャース戦の録画を、くり返し何度も観ていた。相変わらず全身野球ユニフォームを着ることと、毎日何時間も野球することは譲らなかったが、いつのまにか自分をベースボール・コンラッドと呼んでとは言わなくなっていた。そんなある夜クリスチャンが寝る前にした発言に、私は自分のもくろみが奏功しているのだと思った――一九〇〇年代初めに野球選手だった人生についてのおしゃべりから、彼の関心を他に向けさせるもくろみである。彼は感情をこめて、こう大声で言ったのだ。「ぼく、もう昔の人でいたくない。マット・ケンプ（ドジャースの外野手）みたいな、新しい人になりたい」。こんな言葉を彼の口から聞くなんて、感激だった。しかるべ

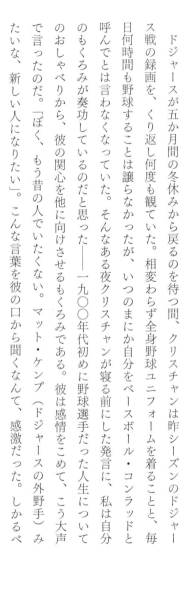

き方向に一歩前進したような気がしたのだ。

　オフシーズンの間、クリスチャンはドジャース選手名鑑をひらいては、マイナーリーグの選手の名前や背番号までも暗記するほど、何時間も選手写真を見つめて過ごしていた。そんなとき、ドジャースがシーズン前のファンイベントをスタジアム駐車場で開催すると聞きつけた私は、クリスチャンを憧れのヒーローたちに再会させるべく、この機会にとびついた。イベントに現れた二万人のファンも、どうやらクリスチャンと同じくらい、ドジャースの帰りに興奮しているようだった。彼は満面の笑みで青いカーペットの上をてくてくと進み、お祭り状態のイベント会場に向かった。入口を抜けたとたん、私たちは青と白の服を着た人の海とひとつになった。その後、思いつく限りのあらゆる双方向性野球ゲームを試すと、クリスチャンは長蛇の列に並ぶのにくたびれてしまい、会場を出て駐車場で球を打てないかと言いだした。私は人混みを離れて空いた駐車場にいるという考えにそそられて、喜んで承諾した。

　会場の外で、駐車している車や通行人に球が当たる心配をせずに、スポンジボールを投げてあげられそうな空いた場所が見つかった。クリスチャンは小さな木製バットで球を空に打ちあげ、そのたびにお決まりのウィニングランをし、想像上のベースを走ってまわった。野球モードに入っているときの彼をとめるすべはなく、その真剣な態度はまるで、遊ぶためではなく、仕事をするためにここに来たかのようだった。この練習をくり返して一時間近く経った頃、イベント会場の金網フェンスの向こうから、見たことのある顔が現れた。衝撃だった。野球殿堂入りのドジャース監督、トミー・ラソーダが、クリスチャンに声をかけたのだ。「なんていう名前だ？」

クリスチャンは自分の試合の流れを中断することなく、答えた。「ぼく、クリスチャン」

「きみはきっと野球が大好きなんだな。だろう？」と、トミーが言った。

クリスチャンは球を宙にかっとばし、「うん！」と言って一塁に走った。

トミーはアシスタントにピザを持ってくるよう指示し、さびれた駐車場でのクリスチャンの元気な表現を引き続き眺めるため、フェンス近くのテーブルで腰をおろした。そして食べおわると金網フェンスのこちら側に出てきて、直接バッティング指導をしようと申し出たのだ。この優しい八十五歳の男性は明らかに子供が大好きで、ドジャースの監督だった一九七六年から一九九六年までの二十一年間、審判に大声を浴びせていたことでもよく知られる、あの大衆文化の象徴のようなイメージとはまるで違っていた。実際に対面したトミー・ラソーダは、私がそれまで何年も持っていた印象とは真逆の人だったのだ。

その二年前、カリフォルニア・ルーテル大学でおこなわれたスパーキー・アンダーソン〔訳註：元プロ野球選手、監督。同大学に彼の名を冠した野球場がある〕の追悼イベントにマイケルと行ったとき、トミー・ラソーダは躍動感のある語りで聴衆を引きつけていた。どの話にもオチがあり、私たちは息ができないくらい大笑いした。自分の墓にはドジャースのスケジュール表を置いてほしい、なぜなら人々が愛する誰かの墓参りに来たついでに、ドジャースの試合がホームかアウェーか確認できるから、と言っていたが、はたしてそれも冗談だったのだろうか。

その夜に聞いた話で私が一番好きだったのは、トミーが自分の負けたチームをいかに元気づけようとしたかのエピソードだ。彼は、球史上最強とされる一九二七年のヤンキースは九試合連続で負けたことがあるが、ドジャースの負けはたったの連続七試合だと言って、選手を激励したという。彼がそう言った後、ドジャースは連続で十試合勝った。トミーは妻から、一九二七年のヤンキースが本当に九試合連続で負けたのかと聞かれ、こう答えた。「知るわけないだろう。それは俺が生まれた年だぞ。でもあいつらにはたしかに効いたようだ」。私がこの話を好きなのは、その陽気なユーモアのセンスに加え、成功はかならずしも自分が最強でいることではなく、自分が最強なんだと信じることでやってくる、という彼の信条が表れているからだ。

フェンスのあちら側では大勢のドジャースファンがさまよっていて、いっぽうこのガラ空きの駐車場では、元ドジャース監督が四歳児にひたすら技術指導をしていた。クリスチャンが球を強く打つと、トミーは「あの木を叩き切れ！」とか、「今のに乗っていけ！　あんな遠くまでタクシーで行ったら十ドルかかるぞ！」とか声をあげた。

これがどれほど特別な瞬間か、クリスチャンが大きくなったら思いだしてほしいと、私は願った。別れ際、トミーはクリスチャンに手を差し出して、威厳たっぷりに言った。「しっかりした、いい握手を見せてくれ。握手をするときはいつも相手の目を見るんだぞ。笑顔も大いに役に立つ」。それから野球ボールにサインをし、「未来のドジャー選手、クリスチャンへ」と記した。後にドジャースの従業員から、トミーは子供へのサインにはよくこの言葉を記すと聞いたが、かえってこのボールがいっそう特別なものになった。これは勤勉さと強い意志があれば何だって可能だという信念を吹きこむ、トミー・ラソーダの創意に富む方法だったのだ。

トミーに私の名刺を渡したときは、まさか数日後に彼から電話がかかってくるとは想像もしなかった。私がシャーロットのソフトボールの練習を手伝っていたとき、トミーから留守電が入ったのだ。

「キャシー、トミー・ラソーダだ。話があるんだが――おたくのちびっ子がバットをスイングするところを撮影したい。あんなに幼い子があんなふうにバットを振るなんて、本当に驚きで、素晴らしいことなんだ。だから撮影して、記録しておきたい。いいだろうか」

すぐに折り返すと、トミーは話の続きに、クリスチャンを翌週アリゾナでのドジャースの春季キャンプに招待してくれた。

数日後、私たちは車に荷物を詰めこみ、アリゾナ州フェニックスまで六時間の旅に出た。私は春季キャンプについては聞いたことはあったものの、内容は知らず、そこで何が待ち構えているのかは到着して初めて知った。この一か月間にわたる公開試合と練習は、アーカンソー州ホットスプリングスで一八九〇年代に始まった慣習で、選手たちはここに集まって埃を払い落とし、開幕目前の百六十二試合のシーズンに備えるのだ。だから三月の一か月間、メジャーの三十球団が切磋琢磨しあいながら対決するのを観るために、全国の野球ファンたちが、アリゾナとフロリダにある春季トレーニング施設に群がる。トミー・ラソーダに電話をして私たちが街についたことを知らせると、お楽しみが待っていると言われた。トミーはこの毎年の伝統行事に六十年以上参加していた。

彼の要望で、翌朝アリゾナ州グレンデールにある球場、キャメルバック・ランチ内の、ドジャースのトレーニング施設で会うことになった。到着すると、トミーは簡単に見つかった。というのも、彼のサインを求める長蛇の列ができていたからだ。彼はアシスタントとテーブルにつき、昔風のラジカセでフランク・シナトラを流しながら、次から次へとファンにサインをしていた。人混みの中に私たちを見とめると、手招きするしぐさをした。トミーは愛情をこめて片手でクリスチャンを抱き寄せ、「今日は野球をする準備はできているか」と聞いた。クリスチャンはうなずいて小さな声ではいと言ったが、この前サンタの腿の上に座ったときと同じくらい緊張しているようだった。トミーが、「三十分ほどしたら戻ってこい。それからドジャースと野球をするぞ」と言うと、クリスチャンの表情が満面の笑みで明るくなった。これぞトミーの言葉だった。

トミーのサイン会が終わるのを待つ間、クリスチャンと私はキャッチボールをするため草地に向かった。するといつのまにかゴルフカートに乗ったトミーが近づいてきて、乗るようにと言った。トミーは操縦士で、クリスチャンは副操縦士で、ふたりは双子のように見えた。トミーは春季トレーニング初日用に頭からつま先まで、まっさらの白いドジャース・ユニフォームで盛装していて、クリスチャンも、いつもの白いドジャース・ユニフォームを着ていたのだ。トミーの運転で、私たちは防犯ゲートを通り抜けて、選手たちが打撃練習のためウォーミングアップしているグラウンドに連れていかれた。

トミーは選手たち全員の注意が自分に集まるまで待ってから、ビデオ撮影係に、クリスチャンが小さな木製バットでスポンジボールを打つ様子を撮るよう指示した。クリスチャンは球を宙へ放った。

「いいヒットだ」とトミーは言い、それからクリスチャンに向かって、「あれはホームランだった」と言った。それからもう何発か後、「よし、今度はピッチングを見せてくれ」と言った。するとクリスチャンは、打つのをやめる時間になったときの、お決まりのセリフを返した。

「オーケイ、もう一本打ってから」

ようやくバットを置いてグローブをつけると、撮影係が彼の投球やフライを捕る様子を撮り、トミーはそれをうっとりと見つめていた。そして、そばに立っていたドジャースの投手に、「この子は熱いくらい速いのを投げる」と言った。クリスチャンは憧れのドジャース選手たちのいる中で野球をし、最高の時間を過ごしていた。そして選手たちも、春季キャンプの最中にトミー・ラソーダから四歳児の野球を見させられて、楽しんでいるようだった。

翌朝トミーのサイン会に立ち寄ると、彼はクリスチャンに一生ものの檄《げき》を入れた。「昨日したこと、全部覚えてるか」と、クリスチャンの体に腕をまわして言った。

クリスチャンはうなずいた。

「いつか、ドジャースでプレーしたいか」

クリスチャンがはいと答えると、トミーは優しく言った。「できる。だっておまえはあんな球を打って、あんな球を捕って、それに走れるんだから。でもどれくらい本気だ？　それが本当に大切なことだ。本当にドジャースに入りたいか」

クリスチャンは熱心に耳を傾け、とても真剣な表情で頭を縦に振った。

「一番速いやつがレースに勝つとは限らないし、一番強いやつが戦いに勝つとも限らない。他の人よりも勝ちたいやつが勝つんだ。もしおまえがそれだけ強く望み、そしてそこに打ちこむ気があるなら入れる」

そのとき出し抜けに、クリスチャンがトミーに言った。「おじさんは、ヤンキースでプレーしてたね」

「そうだ。ヤンキースには一年いた」

びっくりした。トミーがたしかにヤンキースにいたと認めたのだ。これはクリスチャンには知りえないことだったし、私自身も知らなかった。後にわかったが、トミーが左利き投手として短期間ヤンキース在籍していたことは、ウィキペディアの経歴にも載っていなかった。

話題が切り替わったことで、一九二〇年代から三〇年代にかけて野球選手だったというクリスチャンの話について、私がそれとなく話せる絶好のチャンスになった。私はトミーがこれについて何を言うか知りたかったのだ。そこで、ゆっくりとこの話題に移した。

「クリスチャンはルー・ゲーリッグの大ファンなんです。ルー・ゲーリッグのプレーを見ましたか」

トミーは身をかがめ、クリスチャンに優しい声で言った。

「おお、それはいい。最高の選手だ。ガキだった頃の俺のヒーローなんだ」

クリスチャンは、じっと話を聞いていた。

「彼はいい人で——野球の世界で一番勤勉な男だった」

ここで、私が割りこんだ。

「クリスチャンは三歳のときから、自分は昔ルー・ゲーリッグだった、って言ってるんです。

それに、そのときのこの子には絶対に知りようがないことを話すんです。たとえば、『ほとんど毎晩ホテルに泊まってた』とか『列車に乗った』とか」

トミーはほほ笑んで言った。「この子はなかなか想像力があるな」

これは私が望んでいた反応とは少し違ったが、さらに説明を続ける度胸はさすがになかった。私自身、クリスチャンの過去生についての主張をどう解釈すればいいのか、まだよくわかっていなかったのだ。けれども、人生には頭で完全に理解できなくても認めて受けいれられることもある、という結論にはたどりついていた。トミーはクリスチャンの肩に手を置いた。

「じつは、俺は十五歳のとき、ヤンキースタジアムで投げる夢を見ていたんだ。ビル・ディッキーが捕手で、ルー・ゲーリッグが一塁手でな。それから何年も経って、現実の人生で、捕手のヨギ・ベラに投げろってヤンキースに呼ばれた。気づけば俺は、ヤンキースタジアムのブルペンで、ウォーミングアップしていた。そして言ったんだ。ここには何度も来たことがある、夢の中でだけどって」

トミーはクリスチャンの背中を、励ますようにポンポンと叩いた。

「絶対に夢見るのをやめるんじゃないぞ」

第12章

だって知ってるんだもん

「私には、野球に備わる素晴らしいことが見える。
野球はわれわれの競技――アメリカの競技だ。
人々を屋外に連れ出し、酸素で満たし、より肉体的に節制させる。
不安や憂うつな心を解放するのに役立つ。
そして失われた部分を補ってくれ、それ自体が恵みなのだ」
ウォルト・ホイットマン（アメリカの詩人）

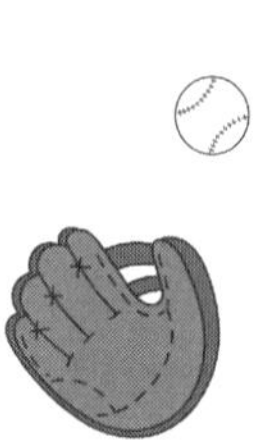

次にトミー・ラソーダと会ったのは、それから一か月後のことだ。開幕日のドジャースタジアムに行くため、私は仕事を一日休み、シャーロットとクリスチャンにも学校を休ませてふたりを驚かせた。午後一時の始球式が始まる前に五万六千人がスタジアムに駆けつけるので、交通渋滞は必至だ。それを避けるため、午前十時にシンシアを迎えにいった。混雑をかき分けて席にたどりついたのは、試合前の祭典が始まる直前だった。ジェット機が上空を飛び、何百人もの制服姿の軍人が国旗を風にはためかせてグラウンドに広げると、愛国心で場の空気が満た

されていった。

　国歌斉唱に続いて、選手控えのベンチからマジック・ジョンソンが現れ、彼がボールを手にマウンドに向かうと観客から歓声があがった。マジックが腕をあげて今にも始球を投げようとしたとき、邪魔が入った。ドン・マッティングリー監督がマジックを役目から解放すべく、史上最高投手のひとりを連れてグラウンドに走り出てきたのだ。その伝説の左利き投手、サンディ・コーファックスが完璧なストライクを投げると、ファンは熱狂した。

　その後、いよいよ試合が始まり、クリスチャンはカーショーがマウンドに登るのを見て大喜びした。カーショーはこの日メジャーに入って初のホームランを放ち、さらに完封試合を達成して記録に名を残した。開幕日にホームランと完封試合を成し遂げた投手は、球史上わずか二名だけだったのだ。観客は地元チームが四対零でライバルのジャイアンツに勝利したことを祝い、スタジアムではランディ・ニューマンの八〇年代を象徴する曲、『ロサンゼルスを愛して《アイ・ラブLA》いる』が鳴り響いていた。気づけば私は、野球を知る前の人生が想像できないくらい、この競技の興奮に浸りきっていた。

　試合後、スタジアムのレストラン、〈ダッグアウト・クラブ〉でトミー・ラソーダに会った。ここで私たちは、クリスチャンの始球式の写真が、スタジアムのオーナー特別室に飾られていると知らされた。ＡＰ通信の写真家、マーク・Ｊ・テリルが撮り、賞も獲得した写真だ。試合後に〈ダッグアウト・クラブ〉に居合わせた、マジック・ジョンソン・エンタープライズ社の重役が言うには、その日オーナー特別室にいたところ、サンディ・コーファックスが壁にかかった額入りのクリスチャンの写真を見ていたという。サンディがそれをいたく気に入っていたので、ドジャースのオーナーであるこの重役は、ご自宅に一枚送りましょうと申し出たそうだ。トミーは私とクリスチャン、シャーロット、そしてシンシアに伝説のラソーダ風ハグをし、それから車に向かっていった。

後にわかったが、クリスチャンの始球式の写真はレストランバー、〈ドジャー・スタジアム・クラブ〉と、シカゴにあるグッゲンハイム・パートナー本社のロビーにも飾られていた。この写真は、《ザ・アトランティック》誌と、ESPNスポーツ専門チャンネル、そしてFOXスポーツ放送で、二〇一二年の最高の写真として選ばれてはいたが、まさかドジャースタジアムやサンディ・コーファックスの自宅の壁に飾られるなんて、思ってもみなかった。クリスチャンはかなりラッキーな四歳児だったのだ。

マイケルと私は、彼が明けても暮れても容赦なく野球の相手を頼んでくるのには、相変わらずへとへとだった。そこで仕返しとして、その春は彼をふたつの野球リーグに登録したというのに、むしろ本人は大満足だった。シャーロットのソフトボールやらクリスチャンの野球やらで、気づけば私たちは平日のほぼ毎日、草の球場にいた。野球をすることへのクリスチャンの欲求は、ボーダーコリーの物とり遊びと同じようなものだった——充分ということが絶対にないのだ。外で何時間も野球をした後は、家の中で野球だ。彼は寝る時間まで、壁にテニスボールを投げつけたり、二階に向かってスポンジボールを打って、階段の手すり越えを放ったりしていた。

マイケルと私はこの特別な時間を記録しておくために、彼が創造力豊かに見つけ出す、屋内で野球をする多様な方法について、動画をつくってユーチューブにあげた。驚いたことに、その動画はたちまち大当たりし、何百万回も視聴された。ありがたいことに、クリスチャンの屋内野球練習の犠牲は石壁にあいた小さい穴と、写真立てのガラスのひび、そして弾道にかかった多数のコップですみ、石壁の穴は簡単に修理できた。私たちが高価なグラスは使うまいと学んだのは、低めの打球がマイケルお気に入りの、クリスタルのワイングラスを粉々にした後だった。クリスチャンはまったく動じることなく、「パパ、ワイングラスとは友だちになれないよ。新しいのを使って」と言った。

クリスチャンが野球をするグラウンドは、一九七〇年代に子供だった頃の私が、ソフトボールをしていたのと同じグラウンドだった。野球ママになりたいと意識して思ったことは一度もなかったが、親として観客席にいる喜びは予想をはるかに越えていた。野球ママの姉妹愛に初めて触れたのはこの一年前、ホノルル空港で搭乗時間を待つ間、クリスチャンが小さな木製バットで球を打っていたときのことだ。

気さくな感じの女性がこちらに近づいてきて、思い出を語りだした。「昔を思い出します。うちの息子はよちよち歩きだった頃、洗濯カゴからくるくるに丸めた靴下を取り出して、壁に投げつけて投球練習していたの。そして今は、ニューヨーク・メッツで一塁手をしているんですよ」。そう言って、彼女は誇らしげに、息子のアイク・デービスのMLBカードをバッグから取り出した。「一瞬一瞬を楽しんで！ リトルリーグのグラウンドほど品性を養うのに恰好の場はありませんよ」

そのときはまだ、この典型的なアメリカの娯楽が、私たちの人生にとってこれほど恩恵となるなんて想像もしていなかった。リトルリーグの球場で過ごす時間には、日々の心配を和らげ、まるで世の中のすべてが順調であるかのように思わせる何かがあるのだ。一九五四年に書かれたリトルリーグの宣誓文には、その基本的な思想が凝縮されている。「私は神を信じます。国を愛し、その法律を尊重します。公平なプレーをし、勝てるよう努力します。けれども負けても勝っても、つねにベストを尽くします」

レギュラーシーズンが終わると、クリスチャンは同じく野球愛のある五歳と六歳の少年たちで構成される、トラベル野球チーム［訳註：より本格的に練習を積み、遠征試合もおこなう］に誘われた。この少年たちはほぼ毎週末トーナメント戦をして、二日間で多くて五試合を一生懸命に戦う。

したがって私たちの週末も、それに費やされるようになった。こうして野球が生活の多くを占めていくにつれ、日曜の午前に教会の礼拝に行くという私たちの習慣も、ますます途切れがちになった。もはや私の週末の朝は、太陽の下で長く暑い一日を過ごすための必需品を、車に積みこむという儀式で始まるようになっていた。少年たちは一日に多くて三試合こなし、その間シャーロットなど他のきょうだいたちは、観客席で輪ゴムのブレスレットづくりをして遊んでいた。

トラベル野球の世界は、多種多様な年齢や人種、宗教、そして社会的、経済的背景の家族を団結させた。各地でともに過ごした時間を通して、否定しようのない仲間意識が育まれたのだ。堅苦しい状況なら存在したかもしれない壁がここでは存在せず、グラウンドの上でも外でもずっと続く友情が結ばれた。

マイケルは親子対抗の練習試合で、トラベル野球チームにかなりの印象を残した。第一に、彼はグローブをつけて球を捕る方法を全然わかっていなかった。第二に、ヒットを打ったらバットを地面に落とすことになっていると知らなかった。バットを持ったままわざわざ二塁まで走って「アウト」と言われたとき、マイケルはドイツ語なまりで「私が知るわけないだろう?」と抗議した。マイケルが冗談を言っているのではないとわかったとき、子供たちも親たちも、こらえきれずに大笑いした。このバツの悪い出来事の後、彼は早速自分用の野球グローブを買い、クリスチャンに球の捕り方を教わった。彼が新しく買ったピッチングマシンを使いこなせるようになり、前庭でクリスチャンと野球をしはじめたとき、野球任務からいくらか解放された私は、嬉しさで身震いがした。それに彼はクリスチャンのフライを捕る練習につきあって、何時間もラケットでテニスボールを打った――ダイビングキャッチはつねに息子の大好物だった。

トラベル野球のシーズン中、息子が寝る前にルー・ゲーリッグとしての人生を語る習慣が、前触れもなく再開した。でもこのときは、ルー・ゲーリッグとベーブ・ルースについて、自分の感情を意外なほど大人びた見方で表現した。以前は幼児として、ベーブ・ルースに対して感情をむきだしにして反応して示していたのに、このときは、その感情の背景をより深く理解した上で話したのだ。ある夜クリスチャンは寝る前にいきなり、「ベーブ・ルースはとても嫉妬深い男だった」と言った。なぜ嫉妬していたのかと私が聞くと、彼はすぐに、「ルー・ゲーリッグのママにわかってもらえなかったから」と答えた。これはこのときまったく意味不明だったが、深夜の捜査を再開させるべく、たしかに私に駆り立てた。

調べてみると、ルーとベーブは一九二五年から親友だったのに、一九三二年にルーの母親とベーブの間に不和が生じた後、絶交していたことがわかった。ルーとベーブの確執が、そもそもルーの母親、クリスティーナ・ゲーリッグと、ベーブの不和から生じていたなんて、ベーブ・ルースの嫉妬について話す前のクリスチャンが知る由もなかった。読んだところでは、孤児院育ちで母親のいなかったベーブ・ルースにとって、クリスティーナは母親代わりのような存在だったという。ルーの母親とドイツ語で話し、彼女がつくるドイツ料理が大好きだった。そして一九二七年までには、まだルーが両親と暮らしていたゲーリッグ家に居座るようになった。

ベーブは一九二九年に再婚すると、前妻との十一歳の娘を、妻クレアとの旅行中クリスティーナ・ゲーリッグに預けはじめた。あなたたちは娘をほったらかしにしていると思う、とルーの母親がルース夫妻に告げたとき、ベーブ・ルースとゲーリッグ家の関係も終わった。読んだ記事によると、ベーブはヤンキースのチームメイトであるサミー・バードにことづけて、「グラウンドの外で二度と俺に話しかけるな」と、ルーに言ったという。言い伝えでは、ふたりの男はその日を境に無視しあうようになった。この情報に接したことはないクリスチャンが、ふたりの確執の感情的な背景を説明できたという事実に、私はただ愕然とした。

クリスチャンは、ベーブ・ルースとルー・ゲーリッグが一緒に立って写った写真を見て言った。

「ルー・ゲーリッグとベーブ・ルースは一緒に野球をして、一緒に写真を撮ったにしても、おしゃべりはしてない」

これは野球史の本に書いてあるとおりなのだ。でもクリスチャンはまだ読み方を知らなくて、彼がこんなことを知っている合理的な説明は見あたらなかった。

なぜ知ってるのと聞く私に、「だって知ってるんだもん」と彼は答えるのだ。

クリスチャンはルー・ゲーリッグの人生について新たな詳細を話しつづけ、それらは驚異的に正確だった。しかしこのときは、ルー・ゲーリッグについて一人称ではなく、三人称で話した。たとえば以前なら、「ぼくはホテルに泊まって、列車に乗った」と言っていたのが、このときは「ルーはホテルに泊まって、列車に乗った」だった。

調査の途中、たまたま見つけた一九三九年のラジオインタビューの中で、ルー・ゲーリッグがミネソタから来た若きテッド・ウィリアムズを、前途有望なメジャーリーガーと紹介していた。このテッド・ウィリアムズこそが、クリスチャンが二歳のときにフェンウェイパークでねだった写真の人物なのだ。運命の巡りあわせで、テッド・ウィリアムズはヤンキースを相手に、一九三九年四月二十日にメジャーデビューした。それからまもなくルーが野球から引退することを発表したので、これがふたりの対戦した唯一の試合となった。

その夏はさらに奇妙な発見があった。クリスチャンとルー・ゲーリッグのバッティングの構えが、驚くほど似ていることに気づいたのだ。彼が初めてトーナメント戦に出たときの動画をマイケルに見せ、ルー・ゲーリッグが野球をしている動画と比べたところ、相似性は否定できないと彼も認めた。ほとんどの人は打席についたときに前方のひじを少し曲げるのに、クリスチャンとルーはともに、まっすぐ伸ばしているのだ。それにふたりとも滑りこみが独特で、片方の腕を上にあげ、もういっぽうの腕は背後にひきずる感じだった。

　その初トーナメント戦の動画を見ていると、他にも気づいたことがあった。クリスチャンはホームインしてすぐ、ヘルメットを脱いで宙で振っていて、ちょうどホームランを打った後のルー・ゲーリッグが、観客へのお決まりの祝儀として帽子を投げる様子によく似ていたのだ。動画に映っていた他の子供たちは皆、ベンチに入った後にヘルメットを脱いでいた。ルー・ゲーリッグはかつてコロンビア大学でエース投手だったが、現存する投球の動画がユーチューブでは見あたらず、投球の構えは比較できなかった。

　二〇一三年八月、タホ湖の友人を訪ねる際に、私はクリスチャンへの五歳の誕生日プレゼントとして、マイナーリーグの〈リノ・エーシズ〉の始球式で投げられるよう計画した。クリスチャンにとっては、〝大きな〟野球選手たちと兄弟のように交わるより楽しいことはなかったのだ。タホ国有林の近くで発生した山火事のせいで、彼はひどい咳をしていたにもかかわらず、マウンドに走っていき全力投球した。投球後、友だちになったばかりの〈リノ・エーシズ〉のブレット・バトラー監督――偶然にも元ドジャー選手で左利き仲間――から、ほとんど力づくで引き離すようにして、クリスチャンを連れ出さないといけなかった。マイケルと私がクリスチャンの呼吸がどんどん苦しそうになるのに気づいたのは、三回の表、〈リノ・エーシズ〉が三点リードしていたときだ。標高の高さと山火事の煙が相まって、彼のかよわい肺では処理できなくなっていたのだ。

私がクリスチャンを聖メアリー地域医療センターの緊急治療室に連れていく間、近くに住む友人のメラが、マイケルとシャーロットを気晴らしに〈サーカス・サーカス・ホテル&カジノ〉に連れていくと申し出てくれた。息子が苦しそうにあえぎ、心臓が胸から飛び出そうなほど速く激しく打つのを見守るのは、その五年で慣れていた。とはいえこうなるたびに、心が張り裂けそうなほどつらかった。呼吸困難の処置のため救急医からステロイドを注射されるとき、クリスチャンは目に恐怖を浮かべて私にしがみついた。ようやく安定して緊急治療室から解放されたとき、私は彼を再びこんな目に遭わせないためなら何でもすると誓った。

翌日、キャロル・ボーマンの著書、『子供たちの過去生』と、彼女からもらったメールが脳裏をよぎった。キャロルはメールの中で、クリスチャンの呼吸の病気は、ALSによるルー・ゲーリッグの痛ましい死と関係しているかもしれない、とほのめかしていたのだ。調べてみて、ドキッとした。ALS患者の最も一般的な死因は、呼吸器不全なのだ。思い返してみると、バージニア大学医学部のスティーヴンソン博士も、同様の理論を唱えていた。

スティーヴンソン博士の研究によれば、過去生を記憶している子供の大半が、前世で早すぎる不慮の死を遂げたことがわかっている。キャロル・ボーマンはその科学的データからさらに一歩踏みこみ、幼少期に過去生の記憶が自然と浮上するのは、魂がその過去生での〝未完結のことがら〟を、つまりやり残したことや思い残すことを解消する方法かもしれない、と示唆した。そして、ただ子供の過去生記憶を認めてやるだけで、癒しと終結につながると信じていた。前世での悲劇的な死が原因で身体的病気になるという考えは、まったく非合理的に思えたが、私は息子の治癒につながることなら何でも検討するつもりだった。クリスチャンの喘息治療については、南カリフォルニアにいる著名な肺専門小児科医の指導のもと、合理的な治療はすでに試し尽くしていたのだ。

クリスチャンの喘息発作と過去生記憶の復活が重なって、最悪の事態が起こってしまっていた。これに駆り立てられ、私はバージニア大学医学部のジム・タッカー博士に、専門家のアドバイスを求めた。博士はイアン・スティーヴンソン博士が一九六七年に設立した、同大学内の知覚研究所の現所長なのだ。そして嬉しいことに、タッカー博士が私たち家族に会いに、カリフォルニアまで出張すると申し出てくれたのだ。

第13章

名医が町にやってくる

「汝は塵であり、塵に戻る、というのは魂について語ったのではない」
ヘンリー・ワズワース・ロングフェロー（アメリカの詩人）

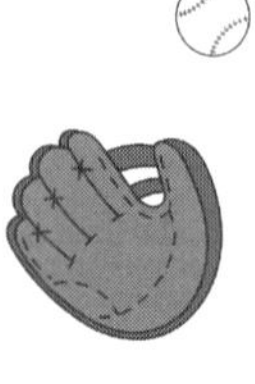

ほんの二年前なら、〝輪廻転生〟や〝超心理学〟という言葉が出ただけで、私の中の懐疑論者がおののいていたところだが、この日の私はその分野の第一人者の到着を待ちわびて、ベッドからとび起きた。きっと今日こそがついに、マイケルと私を二年半悩ませつづけた疑問への答えをもらえる日なんだと思っていた。

ジム・B・タッカー医師は、バージニア大学医学部の精神医学・神経行動科学の准教授で、私たちにとっては、息子に何が起こっているのか、納得のいく説明を得られる最大の頼みの綱だった。クリスチャンは死んだ人の霊に憑依されている、と牧師に遠まわしに言われたトラウマから、私たちはまだ立ち直れていなかった。この数か月前にタッカー博士に送っていた最初の問いあわせは、じつは五歳の息子の特異なふるまいを理解せんがための探求に、助けを求める嘆願だったのだ。

タッカー博士の著書『リターン・トゥ・ライフ』（ナチュラルスピリットより刊行予定）が二〇一三年に出たとき、私は隅から隅までむさぼるように読んだ。これはタッカー博士が、前任者のスティーヴンソン博士が設けた厳正かつ科学的な手法を用いて、自分自身で調査した事例の率直で分析的な報告だ。各事例におけるタッカー博士の目標は、子供が何を言ったか、親がどう反応したか、子供の発言内容が特定の故人に符合するか、そして子供が当該情報を普通の手段――本や映画、会話が耳に入ってきたなど――で知りえたかどうかを確定することだった。

私がタッカー博士にメールをして、クリスチャンの奇妙な発言やふるまいを説明しようという気になったのは、私たちのような自分で経験するまで輪廻転生を信じていなかった親を持つ、他のアメリカの子供たちについて読んだからだ。また本で取りあげられた家族は、身元を明かさないために仮名にするかどうか選べていたので、その事実に、タッカー博士に自宅に来てもらってクリスチャンと面談させることへの懸念も和らいだ。私たちが最も避けたかったのは、遊び場や野球場にいる子供たちに私たち家族の秘密を知られて、息子の人生が破壊されることだったのだ。

博士は、訪問はいくらか緊急を要すると言った。過去生を思い出す子供の大半にとって、記憶やそれに付随する行動が薄れはじめる年齢があり、クリスチャンがそれに近づいているというのだ。その頃クリスチャンは、「今は神さまが新しい脳をくれたから、のっぽの野球選手だったときのことは思い出しにくい」と、眠る前に言っていた。だから私は、タッカー博士の言うその時間的な機会をすでに逃してしまったかもしれない、と少し不安だった。彼の頭の中では、私たちに話していたような鮮明なイメージが、靄がかかったようになりつつあったのだ。きっとそれは、忘却の彼方へと消えていく夢をつかもうとするのに、似た感覚だっただろうと思う。

タッカー博士は――ジムと呼ばれるのを好んだが――約束どおり、二〇一四年四月二日の午前九時、わが家の玄関をノックした。彼はその前夜に飛行機でロサンゼルスに来ていて、私たちとの面談後に飛行機に乗ってバージニア州に帰ることになっていた。クリスチャンは元気よく玄関に駆けていったが、私がドアをあけるのを待った。自分であけるのをためらったのは、ドアの上のほうにチェーンがかかっていて、まだそこに手が届かなかったせいもある。でも一番の理由はタッカー博士と会うことに緊張していたからだ。普通の状況なら、ダイニングルームから椅子を持ってきて、自分でドアをあけるところだ。あいさつをしてきたのは、穏やかな口調とおおらかな笑顔の男性で、少し南部なまりがあった。幼少期にノースカロライナで過ごした名残で、彼はそこでキリスト教の南部バプティスト派として育てられたという。

シャーロットを学校に送りとどけて帰宅したマイケルは、ジムと握手をすると、ダイニングルームにある仮の仕事場に姿を消した。タッカー博士が息子をどう評価するか私と同じくらい興味がありながら、彼はこの〝過去生のこと〟は自分ではなく、妻の関心事というふうに見せたがっていた。けれど舞台裏では、マイケルも私も、ジムが私たちと似た宗教的背景を持っていることにホッとしていた。奇妙なもので、自分たちの息子が以前にも生きていた、という考えを受けいれることへの罪悪感が和らいだのだ。

ジムはこの訪問に至るまでの私とのメールのやりとりをもとに、クリスチャンの発言を推定し、手書きで表にして持参していた。彼のやり方は順序立っていて、科学的で、そして優しくて、ある意味ミスター・ロジャース〔訳註：テレビ番組の司会者で、子供番組の制作も手掛ける。礼儀正しく実直な姿勢で人気があった〕のようだった。お互いを知った後、ジムはクリスチャンを安心させるために、家の前で軽く野球をしようかと提案した。そしてキャッチボールをするため早速グローブをつけると、まもなく私たち三人は、向かいの道の真ん中で本格的に野球をしていた。ふたりは走って塁をまわる私をアウトにしようとし、その間クリスチャンは、面談されていることにほとんど気づいていなかった。

「のっぽの野球選手だったとき、お母さんは何を料理してくれた？」と、ジムは聞いた。

「ママが知ってる」と、クリスチャンは私を指さして言った。「だって、ぼくがルー・ゲーリッグだったときのママだから」

これには少しまごついた。クリスチャンが前世でも私が母親だったと言っている件については、タッカー博士に伝えていなかったのだ。でも彼はその発言に驚いている様子はなかった。誰もが異様だと思うような会話だったが、このテーマに精通しているジムは別だったのだ。

いくらか予想していたとおり、クリスチャンはルー・ゲーリッグとしての過去生について、見知らぬ人に話すのをためらっていた。それに過去生で野球選手だった件について話すときは、いつも眠る直前か目覚めた直後だった。だから私は、こんな日中に新しい情報を発見する確率は、低いだろうと思った。タッカー博士も事前に、面談という状況で新情報が明らかになるとは全然期待していない、と言っていた。なぜなら、過去生の自発的回想はその場で無理強いできることではないからだ。それに、イアン・スティーヴンソンと彼自身が研究した事例の多くで、子供が過去生を話すのはうとうとしているときだったとも言っていた。しかしクリスチャンが全然うとうとしていないという事実にもかかわらず、ジムは野球の場を屋外からリビングルームに移した後も、質問を続けた。そのとき、こちらがはらはらするような質問が出た。

「どんなふうに死んだか覚えてる?」と、ジムがクリスチャンに聞いたのだ。

それまで死ぬことについてはクリスチャンに聞いたことがなくて、これは私にとってまったく新しい領域だった。そしてクリスチャンの返答は、ジムの質問よりもさらに衝撃的だった。

「体が動かなくなって、なんにも感じなくなった」と、淡々と答えたのだ。

「それから何が起こった？」と、ジム。

クリスチャンはテニスボールを階段の踊り場の壁に向かって投げ、床をヘッドスライディングしてそれを捕り、そして答えた。「死んだ後、クリスチャンになった」

それからまたボールを投げ、踊り場に駆けあがってすくいとったかと思うと、唐突にこう言った。「ぼくはママを選んで、それからママは年をとった」

「いつ選んだの？」と、ジムは穏やかに聞いた。

「ママが生まれたとき」

「ママを選んだとき、きみはどこにいたか覚えてる？」

ためらいもせず、クリスチャンは言った。「空」

私はこの間ずっと冷静でいようと頑張っていた。でもここで自分も質問がしたくなった。

「ママを選んでから、ママが〝年〟をとってあなたが生まれるまでの間に、何が起こったの？」

彼は肩をすくめて言った。「知らない。覚えてない」

全部クリスチャンの作り話だったんだと思いかけたとき、ジムの言うことを聞いて気が動転した。「人生と人生の間の時間について子供たちが報告する記憶は、たいていはとても不完全なようです。ですがわれわれの研究した事例では、たしかに多くの子供たちが、自分の親を選んだことを思い出しています」。ジムは続いて、〝空〟にいたというクリスチャンの返答も、親を選んで生まれてきたと主張する他の子供たちの報告と一致する、と言った。この予想外の新事実は、私にまったく新しい死生観を与えた。私たちが自分で生まれることを選び、おまけに自分の親を選ぶのに一役買っているなんて、そんな可能性を考えるのはこれが初めてだったのだ。

クリスチャンが日課の屋内野球を続ける間、ジムと私はその場を外し、量子物理学や人間の意識における魂の役割など、彼の著書に書かれていたもっと深遠な概念について語りあった。

「人間の肉体を、ラジオと考えてもらってかまいません」と、タッカー博士は言い、まるで爆発をシミュレーションするかのように、両手をパンッと打った。「もしラジオを叩き壊したら、音楽を流す能力は失われます。しかしだからといって、電波が消えてしまったわけではありません。ただそれを受信する物がないというだけなんです」

「なるほど！　では肉体が死んだとき、魂はまだ私たちには見えないかたちで存在しているんですね？」

ジムはうなずいた。「そのとおりです！」

私はジムに、彼の著書『リターン・トゥ・ライフ』に出ていたある少年の事例に、とくに関心を持ったと伝えた。その少年は、過去生で伝説的ゴルファーのボビー・ジョーンズだった、という具体的な記憶があったのだ。私にとってこの事例が痛切だったのは、この七歳の天才ゴルフ少年は、自分が〝大きかった〟ときはボビー・ジョーンズだった、と三歳のときに両親に話していたからだ。さらに彼はボビー・ジョーンズの人生について、一切触れたことのない情報を史実どおりに詳しく話し、両親をいっそう驚かせた。ちょうどクリスチャンが、ルー・ゲーリッグの人生について明かしたとおりなのだ。それにこの子は年齢をはるかに上まわるゴルフの腕を示していて、七歳にしてずっと年上の子供たちに混ざって五十のジュニア・ゴルフ・トーナメントに出て、四十一回優勝していた。他もゾッとするような類似点がある。ルー・ゲーリッグとボビー・ジョーンズは――それぞれ一九〇三年と一九〇二年の生まれだが――ともに深刻な健康状態に苦しみ、それが原因で早世していたのだ。

タッカー博士の本を読んで知ったが、バージニア大学の知覚研究所では、研究の目的上、有名人だったと主張する子供の事例は、通常は検討の対象にしない。なぜなら、その子が当該情報を本や映画、あるいはたまたま耳に入った会話から得た可能性が高くなるからだ。タッカー博士が言うには、ボビー・ジョーンズが有名人であるにもかかわらず、有効な過去生回想の事例と見なされるに至ったのは、ゴルフ少年の言ったとされる記憶と、その天才的なゴルフの才能が相まってのことだった。

マイケルと私は、言葉本来の意味でクリスチャンを天才児と考えたことはない。でもたしかに、彼がある種、〝思い出している〟状態でこの世にやってきたようには見えていた。プラトンは想起説の中で、「簡単に獲得される知識は、永続的な自己が前世で持っていたものであり、ゆえに簡単に戻ってくる」と主張している。私はタッカー博士に、名高いキリスト教神秘家でもあるエドガー・ケイシーの理論ついて、以前たまたま見つけた内容を話した。その理論によれば、年齢を上まわる才能を持つ多くの天才児が、前世で開発した能力を顕在的に記憶した状態で生まれているという。ケイシーによればそれがとくにあてはまるのは、生まれついた家族が子供の示す才能に親和性がない場合で、たとえばゲオルグ・フリードリヒ・ヘンデルがそうだ。ヘンデルは幼い頃から音楽の才能を示し、両親から楽器を弾くことを厳しく禁じられていたにもかかわらず、技能豊かな音楽家となった。ジムが言うには、恩師のイアン・スティーヴンソン博士は研究を通じて、前世から引き継がれたと思しき技能を示す子供に、数多く出会っていたという。クリスチャンが幼くして持つ野球の技能を、過去生からのものと見なす心の準備が完全にできたわけではないにしろ、私にはそれが妥当な説明に思えてきた。

タッカー博士が書類鞄に荷物をしまっていたので、私はすかさずバビロニア・タルムードの天使ライラの話を出し、彼女が生まれる前の子供の唇に指をあてて「シーッ」と言うことで、魂の記憶を消す話をした。

「天使ライラがちゃんと強く唇を押さなかった子供もいるだけなんだって、私はそう考えるのが好きなんです。だからその子たちは、過去生の記憶を携えてこの人生にやってきたんだろうって」

するとジムは、プラトンの『国家』（岩波文庫、他）から、忘却の川の話を教えてくれた。過去生を思い出すことのないように、魂は転生前に忘却の川の水を飲まされると、多くの古代ギリシャ人が信じていたという。

「この記憶喪失は目的にかなっているんです。だってそのおかげで、個人が過去の残響に邪魔されることなく、新たな人生に乗り出せるわけですから」

過去生を思い出す子供の大半が、若くして死んだ個人の人生を思い出す理由に関して、私はジムに何か見解を持っているか尋ねた。

「前世で若くして死ぬと、以前の生涯の記憶を持ったまま、この世にやってくる可能性が高まります」。バージニア大学で確認された二千五百件超の事例で、過去生での平均死亡年齢は二十八歳なのだ。タッカー博士は説明を続けた。「過去生の最後の部分は、終わるのが早すぎた夢のようになる傾向があるんです」

彼は、こういった子供たちに起こっていることを言葉で説明するのに、一番良いたとえ話をした。夢を見ている最中に突然起こされて、それからすぐにまた眠って、次の人生でも同じ夢の続きを見ていると想像するのだ。タッカー博士の考えでは、感情的つながりや未解決の感情的問題が、個人が夢のどの部分に、つまり人生のどの部分に戻ってくるかに、影響する可能性があるという。

「過去生の家族に対して強い、あるいは未解決の感情的つながりがある場合、子供が同じ家族のもとに戻ることはかなりよくあります。同じ家族の場合、どうやら子供は同じ夢に戻って、その家族との物語を続けるようなのです。別の役で」と、タッカー博士は説明した。

タッカー博士の著書『リターン・トゥ・ライフ』の中で最も期待が持てた部分は、どの事例でも、子供の過去生の記憶が途絶えるときがきたことだ。私がその話題を出すと、ジムは言った。「たいていは見ていると、記憶に付随するふるまいも六歳か七歳、遅くとも八歳になる頃には薄れます」

彼の言葉は希望をくれ、私はそれを拠り所にした。ジムの本に出ていた子供が母親に言った言葉を、いつかクリスチャンが言う日を待ち焦がれた。「ママ、ぼくはただぼくでいたい。古いぼくじゃなくて」と。その点では、クリスチャンは〝マット・ケンプみたいに新しい人〟になりたいと言った時点で進歩を見せていたが、まだそこまではなかったのだ。

ジムは去る前に、彼の本にサインがほしいという私の願いを聞いてくれ、「キャシーへ、クリスチャンの話をしてくれてありがとう」と記した。

私はジムに足を運んでくれたことについて礼を言い、マイケルはコンピュータの作業を中断して別れのあいさつをした。私は感謝をこめてジムに別れのハグをし、クリスチャンにも同じようにするよう促し、そして言った。

「輪廻転生というテーマに対する先生の取り組みが科学的で、安心しました。だって過去生退行みたいな、異端的というかニューエイジな感じがしませんから。あれって催眠状態で過去生記憶にアクセスするって、読んだことがあるんです」

意外にも、ジムはこう答えた。「たいていの催眠退行では空想が出てくるようですが、過去生について正確な情報が見つかったケースもまれにあります。説明するのは非常に難しいのですが」

非常に知的で理性的な人だと思っていた相手から、過去生退行に対する少し楽観的な意見を聞いて、私も考えさせられた。この過去生退行というやつを、試してみるべきなのだろうかと。クリスチャンは、生まれたばかりの私を母親に選んだと新たに明かすし、それをジムが、過去生を思い出す子供の多くが親を選んだことを記憶していると言って裏づけるしで、私はまだ動揺していた。過去生退行については、長年の友人であるトレイシーにずっと勧められてはいた。彼女には、クリスチャンがルー・ゲーリッグだったときの母親が私だと主張する件について、打ち明けていたのだ。しかしこの瞬間まで、過去生退行をしようかと真剣に考えたことはなかった。

その夜、私はクリスチャンを寝かしつけながら、遊び半分で聞いた。「人間として戻ってきたいか、動物として戻ってきたいかは選べるの?」。彼はにっこりして答えた。「もちろんムリだよ、ママ! それは神さまが決めるの。親は自分で選べるけどね」。そして次のクリスチャンのひと言には、本気で考えさせられた。彼はきっぱりこう言ったのだ。「っていっても、話しあうような状況じゃないよ。だってあそこには言葉はないから」

第14章 僕がママを見つける

「さようならに気落ちしないように。
再び会う前には、いったん別れが必要なのだ。
そしていくつもの瞬間、あるいは人生の後に、
友人たちはかならず再会する」
リチャード・バック（アメリカの作家）

親を選んで生まれてきた、と主張する子供たちについて、タッカー博士の言葉が頭から離れなかった。そこで私は、良き友であるトレイシーに電話をし、アドバイスをもらうことにした。トレイシーは超常現象系のこと全般で頼れる人で、彼女とその夫ジェフは、クリスチャンの話す過去生記憶のこととなると、最も信頼できる相談相手だった。友だちになって十五年の間、トレイシーは空き時間があればヨガをし、瞑想し、数珠のようなアクセサリーを手づくりし、いっぽう私は、ひたすらマラソンや残業をし、社会的な義務のかけもちに追われていた。ふた

りが対極的だったことで生じた引力により、私たちの友情は時間をかけて強まっていった。まるで一瞬でもペースを落としたらある種の死につながるかのように、私がつねに身も心も動きっぱなしにする達人だったいっぽうで、トレイシーは平和と静寂の探求者だった。私が冷厳たる事実を必要とするような状況で、彼女は直観を信頼した。そして偶然にも、過去生退行とは何かを知る私の人生における唯一の人、という抜きんでた点を持っていた。厳密には知っているだけではなく、以前に経験したこともあった。

私がトレイシーに電話をして、過去生退行をするという考えを受けいれつつあると言うと、彼女はこの上なく驚いた。催眠状態で退行するなんて、占い師や霊能力者のところに行くのと等しい行為——聖書の大べからず事項——だという考えを、私がその前の会話でかなりはっきり告げていたのだ。というのも、キリスト教徒としての信条に反するからというだけはなく、まったくばかげているという印象もあったからだ。だからトレイシーに彼女の友人のイエルンを訪ねてはどうか、と最初に提案されたときは、私の懐疑心が好奇心に勝ったのだ。クリスチャンが私を親に選んだと言うのを聞くまでは、イエルンに連絡するというトレイシーの提案に従うなんて、考えもしなかった。

私がついに思い切ってみるつもりなのを感じとり、トレイシーはそっと背中を押してきた。

「もし退行する決心がついたら、絶対にイエルンとするべきよ。彼はいい人で、私も信頼しているの」。イエルンと何度も留守電メッセージを交わした後、彼のオランダ語なまりにもだいぶ慣れ、次の水曜日の午前十時半に、無事予約を入れることができた。

その日はいつもの水曜の朝と変わりなく始まった――午前五時に起きて自転車マシンを六十分こぎ、メールをチェックし、さっとシャワーを浴び、ランチを詰め、子供たちに食事をさせ、風呂に入れ、八時十五分までに外に出し、その後はクリスチャンの幼稚園で四十五分間ボランティアをした。そしてマイケルには私の行き先も、何をするつもりかも告げずに、ロサンゼルスのダウンタウン近郊へ、インスタグラムで「イエルンは愛」として知られる男に会いに出かけた。私のささやかな冒険についてマイケルに話すのは、自分が何に足を踏みいれようとしているのか、ちゃんと把握してからのほうがいいと思ったのだ。

過去生退行セラピスト、イエルン・デ・ウィットの玄関のドアをノックしたとき、私は緊張していた、というのは控えめな表現だろう。四ページからなるセッション前の注意事項リストで薦められたとおり、朝のコーヒーを抜いていたというのに、心臓がいつもより早く打っていた。注意事項には、セッションは最長で五時間かかることがあり、回復時間も必要になると記されていたので、その日の予定も空《から》にしていた――その夜、家族で観戦するドジャースの試合は別にして。文書のままを言うとこうだ。「あなたは他の人生を訪れた後、まるで驚くべき旅から戻ってきたかのように感じるでしょう。ですから目が覚めているときの日常の現実に完全に戻るために、多少時間をとってください。複雑な知的作業や激しい身体活動は、それからにするのが良いでしょう」。これを信じたわけではないが、私は大げさな言葉につきあったのだ。

ドアをノックした後、出迎えたのは気の優しそうな、満面の笑みとえくぼの男性で、そのキラキラの青い瞳は内側から輝いて見えた。イエルンは丘の上にたつ家の最上階に住んでいて、最下階で「源《ソース》のエネルギーヒーリング」という仕事をしていた。階段をおりて通された部屋は、飾りっ気がなく、椅子が二脚と大きなマッサージ台――私が意識をゆだねる場所になるであろう台――しかなかった。その瞬間、私は代わりにマッサージを予約すればよかったと思った。催眠によって、想像を絶する魅惑的な時間旅行に出かけようとしているとはつゆも知らずに。

私は部屋をくまなく見渡した。まもなく私をドロレス・キャノン量子ヒーリング催眠テクニック（QHHT）を使って、トランス状態に導く男について知るため、手がかりを探したのだ。壁にはイエルンが撮った素晴らしい自然の写真が飾られていて、部屋は持ち主と同じあたたかみを放っていた。イエルンが私に腰かけるよう勧めると、それを合図に、彼の白黒模様の猫がゆっくりと階段をのぼって去っていった。

「私、普通はこういうことしないんです……」。まず私の口から出たのは、まるで罪を告白するかのようなこの言葉だ。私はここに来た理由や、クリスチャンの旅をもっとよく理解したいという願いをくどくどと順序立てて述べ、彼はそれを忍耐強く聞いた。その後、口をひらいた。

「大事なのは先入観を持たないことと、訪れたい人生についての期待を手放すことです。潜在意識がどの人生を選んで探索するかは、予測できないのです」。私はクリスチャンについて、そして彼とルー・ゲーリッグのつながりについて経験したことを明かし、自分が育ってきた信仰の教義に疑問を抱くようになった経緯を打ち明けた。そのため、セッション前の会話がセラピーのようになってしまった。イエルンの軽やかさによって、私のきつく締まった抵抗のねじもそっと緩まり、そして話が終わる頃には、私はかなり居心地よく身をまかせていた。

セッション前のコンサルティングの最後に、イエルンは、「見えていることや、聞こえることと、それに自分の発言を覚えないという心配はしないでくださいね。セッションの録音を差しあげますから」と言った。それからセージの葉を小さく束にしたものに火をつけて、もうもうと立つ煙を部屋全体と、私のまわりにもくゆらせた。私はこの儀式の具体的な目的は知らなかったが、害はないだろうと考えた。そして、おそらく数時間は催眠によるトランス状態に入るから、と言うイエルンの薦めに従って、トイレに行った。その後、おそるおそるマッサージ台にあがり、目を閉じた。

催眠誘導の後、イエルンが穏やかに質問した。「あなたはどこにいますか」

画像が徐々にたくさん頭の中に入ってきた。最初に見えたのは、木々の生えた賑やかな郊外の地域を、上から眺めた画像だ。それから的が絞られていき、私はキッチンで鉄のストーブの前に立っていて、そこを自分の「しゃれてない」アパートと説明した。

「どんな感じがしますか」と、イエルンが聞いた。

「ただ自分が母親だという感じがします。ずっとキッチンに引きつけられています」。自分の手を見てみて、と彼が言うと、私はそれを「白くてずんぐりしている」と言いながら、クスッと笑った。

目を閉じて台に横たわっていると、別の重たい体の中にいるような感覚がした。私はそれを、「顔に重み、胃と両腕に重み」を感じると説明した。それと同時に、私の論理的思考は完全に理路整然としていて、自分の口から流れ出てくる言葉の有効性に疑問を感じていた。それはまるで、ふたりの人間の中に同時にいるかのような感じだった——自分で説明している重たい体の中にいる人と、疑り深い観察者だ。さらに奇妙なことに、ほとんど自分のものとは思えない声で話し、普段使うのとは全然違う感じの言葉や文法を使っていたのだ。足を見るようイエルンに誘導されたときは、長いスカートとエプロンをじっと見ながら視点が下に行き、大きくて重たい茶色いブーツを履いているのがはっきり見えた。そして私はそのブーツを、「作業用」と言った。

「その家で誰かと一緒に住んでいますか」と、イエルンが聞いた。私は、「男性がふたり——少年と、おとなの男」と言って、ふたりはテーブルについていると説明した。「おとなのほうは、関心がなさそうに見えます。ただ好き勝手にやっているだけのような」

「少年についてはどう感じますか」

私は幸せが溢れんばかりにこみあげるのを感じ、思わず顔が笑みでほころんだ。

「少年を、愛しています」

少年は長靴と長靴下を履いていて、帽子をかぶっていて、膝丈のズボンを穿いていると、私は心の目で見えることを彼に伝えた。そして、「ハンサムです。おそらく九歳かそれくらい」とつけ加えた。

「少年はあなたをどう呼んでいますか」

私は声をあげて笑いながら、「ママ」と答えた。

それから、おとなの男からはどう呼びかけられるかと聞かれ、私はもっと笑いながら、「ママ！」と言った。その瞬間、私の論理的思考が後ろでブツブツと、妻を「ママ」と呼ぶ男なんているもんかと言ってきた。それなのに、自分で疑っているにもかかわらず、この〝他の〟人生の感覚や、ほとんど腹の底で本能的にわかることが、どんどんよぎっていった。（このセッションのちょうど一年後、大方の予想に反して、ルー・ゲーリッグの父親は妻を「ママ」と呼んでいた、と書かれた一九三三年の新聞記事を偶然見つけた）

私はイエルンに、夫はほとんどの時間を家で過ごしていて、「古いストーブのオーブン」の隣りで、リビングルームの大きな黒い椅子に座ってよくパイプを吸っていると言った。

イエルンに自分の息子について再び尋ねられると、「彼は良い子です」と言いながら、私は自分が誇りで晴れやかになるのを感じた。

「その子を抱きしめているとき、何を伝えますか」

私はつぶやくような声で言った。「マイネ・リーベ？　ドイツ語のような……彼は楽しいことをしたり遊んだりするのが好きです――頑張り屋さんです」。イエルンの質問により、自宅の場所はニューヨーク郊外で、水辺の近くではなく、路面電車で市街地に行くような所と絞りこまれた。私は冗談めいた口調で、とても暑い日でも服をたくさん着るけど、それは自分のずっしりした体形を覆い隠すためと言った。

イエルンが言った。「ではこの場面を離れましょう。三つ数えたら、この人生で次に重要な場面に移動します。どこであれ、あなたが重要だと思う場面です。一、二、三……今、何が起こっていますか」。一瞬で、広い草地の駐車場に移動した。野球場の前だ。何を着ているかと聞かれ、私はどちらかといえばおめかししている、と言った。自分は丈の長い花柄のドレスに、つま先が覆われた靴、それにつば広の白い帽子をかぶっていて、夫の服装はこの場に適したコートと帽子と説明した。

「夫についてはどうですか。あなたは彼にどう呼びかけていますか」

私は質問の意味を勘違いして、大笑いしながら言った。「彼はいつも同じ物を着ているようなものです。ズボンを穿いて、シャツを着て、ベルトをつけるだけ」

イエルンがもう一度聞いた。「彼にどう声をかけますか。どう彼の注意を引きますか」

「ハインリッヒ」と、私は答えた。

次に彼が、家では何語で話すのかと聞き、私は、「ドイツ語です、ドイッチュ」と言った。

「息子さんはどこにいますか」と、イエルン。

「息子は試合に出ます。だから私たちはそれを観るんです。彼は新人なんですけど」。私は、息子には学校を卒業してほしかったけど、これは本人がずっと望んでいたことなので、自分のことのように楽しみだと話した。そして「野球関係の人たちがやってきて、あの子を獲得したの」と言い、イエルンも私も含み笑いをした。私は彼らが息子の大学に来て、彼のプレーを見た経緯を説明し、それからくり返した。「あの人たちが息子を獲得したの！」。イエルンに、私は野球に詳しいかと聞かれると、息子やその友人が子供の頃に、木の棒を使って野球をしていた様子を話した。

イエルンが質問するたびに、私の周りで起こっていることが鮮明な3D画像で、高解像度の仮想現実として見えた。彼に特別席に座るのかと聞かれると、私は、「それに近いというか。彼は一塁にいるから、そちら側に座るととてもよく見えるんです」と説明した。

「彼はどこの球団ですか」

「ヤンキースです。選手たちは丈の短いズボンを穿いています――ニッカーボッカーズ［訳註：膝下で裾口をしぼったゆったりめの半ズボン］みたいな」

ユニフォームの見た目をイエルンに聞かれると、息子はピンストライプの白いシャツを着ていて、四番の番号がついていて、相手チームは赤いシャツに灰色の半ズボン、と答えた。ここで私の論理的思考が全速力で動きだした。前にルー・ゲーリッグを調べたときに出くわした情報を話して、見たことのある画像を説明してるだけでしょう？　なんだかんだ言って、何時間もルー・ゲーリッグについて調べるうちに、彼がヤンキースで四番をつけていて一塁手だったことは知っていたのだ。しかしその後、私は絶対に自分が知るはずのないことをいきなり説明しはじめ、それを体験しているように感じたのだ。これには自分でも驚いた。

「観戦中に、軽食はありますか」と、イエルンが聞いた。

「ええ、こういうナッツがあります。ナッツを調理してくれる人がいて、私たちはそれを食べるんです。なかなか美味しいです」。誰かが席まで持ってきてくれるのかと彼に聞かれると、私は「取りにいかないと」いけない、と答えた。

「何か飲んでいますか」

「たぶん、コーラ」と、私は答えた。自分がコーラという言葉を使ったのは、たとえそれが催眠中であるにせよ、かなりショックだった。なにせ私が一度も使ったことのない言葉なのだ。後に調べて、当時は炒った栗がヤンキースタジアムの正面入口で売られていて、黒っぽい色の炭酸飲料が「コーラ」と呼ばれていたとわかったときは、ものも言えなかった。

得点掲示板はどのようなものかと聞かれると、その光景が極めてはっきりと、頭の中にポンと浮かんだ。私は、大きくて黒い掲示板が遠くにあると言った。「そこについている数字は……人が変えないといけないような。電動じゃないです」。その後、イエルンが試合の最後まで早送りするように言うと、観客の大歓声がして勝利への喝采が聞こえた。私は誇りで笑顔になりながら、「彼が打った球が、柵を越えたんです」と言った。そして、「彼は紳士なの。謙虚なんです」とつけ加えた。

「あなたは球団の経営者と話すことはありますか。または彼らと接点はありますか」と、イエルンは聞いた。

「あまりありません。選手の中にはときどき訪ねてくる人もいます。彼は自宅住まいで」

「息子さんは何歳ですか」

「二十二歳」と、とっさに口から出た。（後に知ったが、ルー・ゲーリッグがヤンキースと契約したのは一九二三年で、彼が二十歳のときだったが、初めてメジャー球団の試合に出たシーズンはそれから二年後で、実際に二十二歳だった）。試合の後は何をするのかとイエルンに聞かれ、私は街に出て食事をし、ビールを飲むと言った。私たちの会話はすべて現在形で、私はルー・ゲーリッグの母親として一人称で話していた。イエルンの質問には目を閉じて答えていたが、頭の中では、動きがカラー映画のように展開していくのが見えた。

イエルンは、この場面を離れて、この女性の人生で次に重要な場面に移動するよう誘導した。バンッ！　気づくと私はまたヤンキースタジアムにいた。でもこのときは息子が治療上の問題で野球から引退する日なので、さっきとはとても違う気持ちだった。感覚がドッと押し寄せてきた。私はカメラのポンッポンッとはじけるような音のせいで耳が痛いと言い、実際に耳に痛みを感じた。そしてそのときは夜ではなく昼なのに、このうるさい音はフラッシュのせいかもしれない、とイエルンに言った（後に読んだところによると、一九二〇年代から三〇年代は一般的に、明るい日中にフラッシュ撮影が使われていた。また意外にも、この時代は非常に危険な火薬を使ってフラッシュがつくられていたので、爆発装置のせいで多くのプロ写真家が死に至ったり、外傷を負ったりしたらしい）。

イエルンに私たちがどこに住んでいるのか聞かれると、家が見えた。私はそれを「丘の上にたつもっと大きな家」と説明し、息子が買ってくれたと言った。息子の年齢について質問されると、今は三十九歳だと答えた。（後に事実チェックにより、ルー・ゲーリッグは一九三九年七月四日に「世界一幸運な男」のスピーチをしたとき、三十六歳だったとわかった）。「彼は体が病んでいて……走れないんです。打てなくて……でも相変わらず紳士です」と言ったときは、苦悩しているように聞こえた。

「息子さんに何が起こっているのか、医者はわかっていますか」

「どうでしょう、わかりません。でも彼は良くなります」

「では、あなたもそれほど心配していないんですね？」

自信たっぷりに、私は答えた。「していません。彼は良くなります」

これには私の論理的思考が完全に異を唱えた。なぜなら私は、ルー・ゲーリッグがヤンキース引退からまもなくして亡くなったことを知っていたからだ。でも私は台の上で横になったまま、息子は良くなる、という母の自信を感じた。

私はイエルンに、息子は今は結婚していると言い、その妻のことを「おかしな女の人」という言い方で説明した。「彼女はうちの家に来たがらないから、息子がひとりで来るんです」

「〝おかしな女の人〟と言っていますが、彼女のことが好きではないのですか」

「彼女は物事を自分のやり方でしたいんです」

私は息子が彼女を愛していることは認めつつも、「もっといい人がいた」とつけ加えた。ふたりに子供はいるかとイエルンに聞かれると、私は、「いいえ」と答え、さらに「彼女に子供が持てるとは思わない」と説明した。

「少なくとも、ふたりは幸せなんですね」

「ええ、彼は良い子です」

イエルンに子育ての成果を褒められると、私は喜んでその賛辞を受けとり、ありがとうと言った。私たちの会話は刻々と変になっていて、私もそれがわかる程度にはしっかりしていた。それから、息子の妻は「好きな人があまり多くなかった」けど、息子は皆のことが好きだったと言った。ただし……。

「息子はベーブ・ルースが嫌いです」

「どうしてです？　何があったんですか」

「ひどいことです。彼はルーの妻に悪いことをしたんです。彼女にちょっかいを出そうとしました」

ベーブ・ルースとルー・ゲーリッグの確執については事前に知っていたので、この情報にはそんなに驚かなかった。けれどもルー・ゲーリッグの母親の視点でじかにその感情を体験するのは、かなり奇妙な感じだった。顕著だったのは、各場面を説明しながら味わった感情の激しいアップダウンだ。悲しみや興奮、誇り、ユーモア、喜び、不信感、そして絶望まで、感情があらゆる範囲にわたって動いた。

それからイエルンは、この女性の人生で次に重要な日まで進むよう誘導した。すると、私は何年も後の場面に進んだ。

「今は私しかいません。夫も息子もいない」と、私は言った。

イエルンに息子の死に方を聞かれたとき、はらわたがちぎれんばかりの悲しみを感じた。私はルーの死にはとても驚いた、という気持ちを表に出した。

「医者には診てもらっていたんですか」

「ええ、医者は何の手も打てませんでした」

「医者は原因をわかっていたんですか」

「神経系に問題があったと考えています。どうなんでしょうね」

「あなたは彼の死が近づいていることをわかっていましたか。それとも予想外だった？」

「あっというまだったんです。彼に子供がいないのが残念です」と、私は心を沈ませながら言った。

その後、夫は息子の死後につらい時期を過ごして酒をあおるように飲み、心臓発作で死んだと伝えた。

それから、イエルンはこの人生で次に重要な場面に行くよう誘導した。気づくと私は一瞬にして、病院のベッドで横たわっていた。

「医者が私の体を処置しているところだと思います」

「あなたは何歳ですか」

「六十二歳」と、とっさに口から出た。私は自分の遺体はこれから火葬され、告別式の出席者には「家族はおらず、ほとんどよその人」と言った。それから、天国にいる家族と小さな犬と再会するために、疲れ果てた体から自分の魂がすうっと出ていくのを感じる、と説明した。イエルンは、夫はどんなふうに見えるかと聞いた。私はクスッと笑って「ましになっています」と答え、イエルンも笑った。

「ルーはそこにいますか」

私はうなずき、ルーが私を抱きしめるために近づいてきている、と声を震わせながら言った。

「ルーに聞いてください。どうしてこの人生からあんなに早く去っていく必要があったのか」

私は言った。「どうしてあんなに早く逝かないといけなかったの？　なぜ私を残して逝ってしまったの？　彼は『自分でそれを選んだ』と」

「彼はなぜそれを選んだんですか」

「生きたほうがよかったと」

「他に何を彼に聞きたいですか」

私は聞いた。「またあなたに会える？」

「彼は何と言っていますか」

「僕がママを見つけると」。そう言うと、私の目から涙が溢れだして頬を伝った。

「では、今あなたは何を感じていますか」

私は泣きながらほほ笑んだ。「彼がたしかに私を見つけたように感じます。クリスチャンの中で、見つけたんです」

「彼はクリスチャンですね？」

「ええ」

「では彼は約束を守ったわけだ」

「ええ」。私は泣きながら、今度は声に出して笑った。「で、これからどうするんですか。私たち何をするんですか」

「大丈夫。すぐにわかります」

次にイエルンはキャシーの潜在意識に話しかける許可を求め、私のハイヤーセルフに質問しだした。このとき私たちの会話は、私がルー・ゲーリッグの母親として一人称で語るという奇妙な体験から、私が自分自身について三人称で語るという、ますます変な現象に切り替わった。

「この人生の目的は何だったのですか」

「癒えること、完結したと感じること」と、私はまだ目を閉じたまま答えた。

「キャシーとルーが今生で再会した目的は？」

「ただ完結させること……また良い時間を生きるためでもあります」。そう言いながら、私の体全体が平和な感覚で満たされていった。

目をあけてイエルンの顔を見たとき、ほんの数分しか経っていないような気がした。かなりの時間が経っていると察したのは、私がすでにまたトイレに行く緊急を要していたからだ。家に向かう前、私はイエルンを思い切りハグした。たった数時間前に出会ったばかりのこの男に、特別な絆を感じたのだ。それから何時間も何日も、私は考えた。地上での生《せい》の目的が、そんなにシンプルだなんてありえる？　クリスチャンがタッカー博士に言ったように、自分でこの人生を選んで、その究極の目的が良い時間を一緒に楽しむためなんて可能なの？

クリスチャン 2 歳、お気に入りの野球ウェアで

アダム・サンドラーと 2 歳のクリスチャン
2011 年 8 月
映画『俺のムスコ』撮影現場にて

従妹たちとの親族写真、2011 年春（karenhalbert photography）

ルー・ゲーリッグ（左）とジョー・マッカーシー（右）
（National Baseball Hall of Fame Library,
Cooperstown, New York）

クリスティーナ（左）とヘンリー・ゲーリッグ（右）
（National Baseball Hall of Fame Library,
Cooperstown, New York）

1927 年ヤンキース集合写真、最後列の 1 番左がルー・ゲーリッグ
（National Baseball Hall of Fame Library, Cooperstown, New York）

クリスチャン、映画『俺のムスコ』で野球シーンの撮影中
マサチューセッツ州ケープコッドにて

キャシー、マイケル、シャーロット、クリスチャン
2011 年秋、ハワイにて

クリスチャン、始球式で投げる前の打撃練習の様子、2012 年 9 月 4 日（Ed Lobenhofer）

クリスチャン、ドジャースタジアム始球式での投球、2012 年 9 月 4 日（AP Photo/Mark J. Terrill）

クリスチャン、ドジャースタジアムにて
2012 年春

クリスチャン 3 歳
ペパーダイン大学の
始球式に向けウォーミングアップ中
2012 年 5 月（Ed Lobenhofer）

ドジャース外野手アンドレ・イーシアー（右）に会う、
クリスチャン（左）
2012 年ドジャースタジアムの
〈オン・フィールド・フォト・デイ〉にて

シャーロット、ドジャースタジアムにて
2012 年 8 月

アメリカ野球殿堂入り監督、トミー・ラソーダ（左）とクリスチャン（右）
2013 年、ドジャース春季キャンプにて

トミー・ラソーダのサイン入りボール
「未来のドジャー選手、クリスチャンへ」と記されている

4 歳のクリスチャンに指導をするトミー・ラソーダ
アリゾナ州グレンデールでの、ドジャース春季キャンプにて

クリスチャン、ドジャースタジアム始球式での投球
（Photo by Jon SooHoo/Los Angeles Dodgers, LLC）

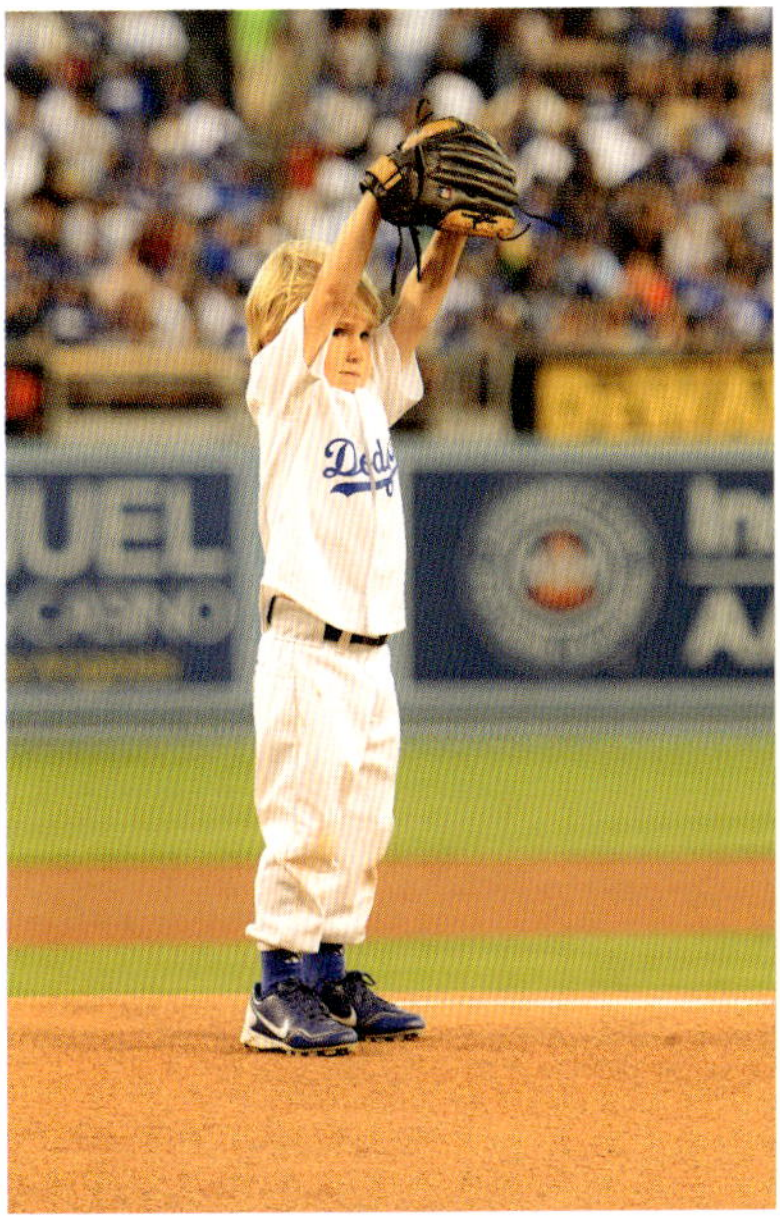

ドジャース投手、クレイトン・カーショーのストレッチをまねするクリスチャン（Ed Lobenhofer）

クリスチャン（右）と、ドジャース監督で元ヤンキース１塁手のドン・マッティングリー（左）
（Ed Lobenhofer）

クリスチャン（左）とシャーロット（右）
ドジャースタジアムにて

クリスチャン（左）、ドジャースの伝説的専属実況
アナウンサー、ビン・スカリー（右）に会う

キャシー、クリスチャン、マイケル、シャーロット、それとペットたち
2013年（Peter Lars © Cornerston）

ドジャース春季キャンプで集めた
野球ボールと一緒に眠るクリスチャン

クリスチャンの汚れた野球ズボン
平均的な１週間分

キャシー（左）と４歳のクリスチャン（右）
2013年、ドジャー・スタジアム・クラブにて（Charlotte Haupt）

アメリカ野球殿堂ジアマッティ研究所で、必須の白い手袋をつけて文書に目を通すキャシー、2014年7月

ルー・ゲーリッグ（(National Baseball Hall of Fame Library, Cooperstown, New York)

ルー・ゲーリッグの旧居を訪ねているクリスチャン（左）とシャーロット（右）
ニューヨーク州ニューロシェル市、メドウレーン9番

5 歳のクリスチャン（右）に、過去生記憶について野球をしながらインタビューをする、
バージニア大学医学部のジム・タッカー博士（左）、2014 年 4 月

MLB オールスター戦、プレゲーム・ショウのため FOX スポーツの撮影に臨むクリスチャン、2014 年 6 月

クリスティーナ・〝ママ〟・ゲーリッグ（中央）、エルズワース・ホーキンス（左）、
ラルフ・P・クラークソン（右）、ルー・ゲーリッグ記念リトルリーグ球場での寄贈式にて
1952年、コネティカット州ミルフォード（Courtesy of Ken Hawkins）

クリスチャン6歳、ドジャースタジアムにてドジャース1塁手エイドリアン・ゴンザレスと
（Photo by Jon SooHoo/Los Angeles Dodgers, LLC）

ルー・ゲーリッグとその母、
クリスティーナ・ゲーリッグ

キャシー（左）とクリスチャン（右）
ルー・ゲーリッグの旧居にて
（Charlotte Haupt）

ニューヨーク州で、ルー・ゲーリッグの墓のそばに行くクリスチャン

左から：クリスチャン、師ケン・スティグラー、キャシー、シャーロット、
それとマリリン・スティグラー（着席）、ニューハンプシャー州にて（Lori Dickman）

ルー・ゲーリッグの写真を持つ
キャシー（左）とクリスチャン（右）
2016年7月、フロリダ州タンパベイにて

クーパーズタウンで野球合宿中のクリスチャン
2015年7月

2015 年リトルリーグ開幕日、キャシー（1 番上の中央）と
クリスチャン（前列の左から 2 番目）（Ultimate Exposures）

クリスチャン 6 歳、
リトルリーグのマウンドにて

トミー・ラソーダ（左）とクリスチャン（右）
2015 年リトルリーグ開幕日

マウンドに立つ8歳のクリスチャン、2016年9月（Photography by Michael Coons）

第15章　母の愛

「(愛は) すべてを忍び、すべてを信じ、
すべてを望み、すべてを耐える。
愛はいつまでも絶えることがない」
コリント人への第一の手紙　十三章七、八節
(出典：日本聖書協会『聖書　口語訳』)

イエルンとの三時間のセッションから帰宅したときは、さっき起こったことをまだ消化しきれていなくて、それについて誰かと話しあうような気分ではなかった。けれどその夜クリスチャンをベッドで寝かしつけながら、目に涙がこみあげるのを感じた。そして彼に初めて言わなくてはならないことがあった。

「クリスチャンを信じる。ママは、あなたがルー・ゲーリッグだったときのママだった」

クリスチャンは目を輝かせ、私の心境の変化についてもっと聞きたがった。私が過去に旅を

して、ルー・ゲーリッグの母親としての人生を覗いてきたと話すと、彼は、「タイムマシーンで？　ぼくもできる？」と熱心に聞いてきた。そしてあなたがルー・ゲーリッグだったときに、結婚していたのを覚えているかと私が聞くと、まさか五歳児から聞くとは思えない言葉が返ってきた。

「あの女はお酒を飲んで、たくさん怒鳴って、ベーブ・ルースみたいだった」。最後には、「ルーはぜったいあんなバカ女と結婚しちゃいけなかったんだ。よっぱらい女」と言って、彼は眠りについたのだ。これはどう見ても痛い話題のようだったので、妻の件はこれ以降クリスチャンに持ち出さなかった。

翌日、イエルンがセッションの録音をメールで送ってきた。でもまだ私は、まさに他の人の立場と体で生きるという、とても変な感覚と折りあいをつけているところだったので、録音を聞く気にはなれなかった。そのうえ催眠下で自分が言ったことはすべて完璧に思い出せたので、録音を聞く必要も感じなかったのだ。まるで実際にそこに行ったか映画で観たかのように、体験した場面の鮮明な画像がくっきりと頭の中にあった。とはいえ、クリスティーナ・ゲーリッグの人生について史実を探るべく、インターネットを徹底的に調べようという強い衝動はあった。セッション中に明かされた詳細が、現実に根のあることなのかどうか確認したかったのだ。

自分の心象映画で見た画像と不気味なほど似た写真を見つけると、私は「これがあの靴！」

などそれぞれに説明をつけて、興奮してイエルンに送った。一九二〇年代のヤンキースタジアムにある古い得点掲示板の写真には、「得点掲示板は本当に手動だった！」と書いて送った。最も衝撃的な発見は、ルー・ゲーリッグが二十二歳でメジャー初シーズンを経験していたことで、まさに私が催眠下で伝えたとおりだったのだ。もともと彼は二十歳になる数日前にヤンキースと契約したのに、ヤンキース・メジャーリーグの出場者リストに名前が載ったのは二年後で、ウォリー・ピップの代わりに先発一塁手になったときだった。こんな時系列の出来事は、イエルンとのセッション前には全然知らなかった。

皮肉にも、過去生退行中にとてもはっきり見えた古いヤンキースタジアムは、超現代的な新ヤンキースタジアムに後を譲るべく、クリスチャンが生まれたのと同じ二〇〇八年に解体された。また真相究明ミッションの結果、ニューヨーク州ニューロシェル市、メドウレーン九番にある家も発見した。一九二七年にルー・ゲーリッグが両親のために買った家だ。見つかったメドウレーン九番の現代の写真は、私がルーの引退時に住んでいると説明していた、あの丘の上の家にとても似ていた。

驚いたことに、過去生退行中の私の発言で確認できるものは、ことごとく史実に即していた。ただし、カギとなる事実三つは別だ。クリスティーナ・ゲーリッグが死んだのは七十二歳なのに、私は間違って六十二歳と伝えていた。そしてルー・ゲーリッグの引退スピーチは彼が三十九歳のときだったと言い、三歳ずれていた。過去生退行での三つ目の食い違いは、息子の死は極めて意外だったという私のコメントで、これには最も動揺した。というのも単にコメントだけではなくて、息子は良くなると言ったときに感じた確信や、彼が死んだ後に感じた混乱とも食い違うからだ。

私の調査では、ヤンキースタジアムであの「世界一幸運な男」のスピーチをした一九三九年七月四日に、ルー・ゲーリッグはみずからの差し迫る死を知っていたように見えた。もし記録されている歴史が正しいなら、ルー・ゲーリッグの両親も、息子の余命がわずかだと知っていたと考えるほうが、筋が通る。もしこれが実際に真実なら、ルーの死に驚いたという催眠下の私のコメントのほうが、間違っていることになるのだ。この食い違いが、クリスティーナ・ゲーリッグの生と死をさらに深く調べたい、という私の思いに火をつけた。

クリスティーナ・ゲーリッグの死にまつわる詳細を、インターネットで検索しても成果がなかったとき、私は彼女の死亡証明書をコネティカット州公衆衛生局から取り寄せた。病院で死んで火葬される、という私の説明が正しいかどうか確認するためだ。二週間後に死亡証明書を郵送で受けとったとき、中身を読んで愕然とした。まさに私が伝えたとおり、彼女はたしかに病院で死に、遺体は火葬されていたのだ。単なる偶然よりもっと大きな何かが進行しているということを、ついに私も確信した。

ルー・ゲーリッグと母親と妻の独特な関係性を調べることが、私の頭から離れなくなった。忙しい平日のさなかに、気づけば私はゲーリッグ家のことを考えていた。不動産客との電話の合間や家屋査定が完了するのを待つ間に、手がかりを求めて携帯電話を使ってインターネットを検索した。一九三三年に結婚する少し前にルー・ゲーリッグが書いた記事には、「母は私の元気の源であり、最愛の人であり、マネージャであり、私のすべてです。母が軸となって私の活動はまわっているのです」と記されていた。ルーは三十歳にしてまだ両親と暮らしていた。母親は、息子の試合ではヤンキースタジアムでも遠征先でも、かならず観客席にいたと伝えられていた。

そのすべてが変わったのは、ルーがエレノア・ツイッチェルと恋に落ちて結婚したときだ。ゲーリッグ家の親しい友人、フレッド・リーブは著書〝Baseball As I Have Known It（私が知ってきたとおりの野球）〟（未邦訳）の中で、三人の大荒れの関係について書いている。フレッドの言葉をそのまま言う。「ママと義理の娘は、その後仲むつまじくやっている、とお伝えしたいところだ。しかし最初から、ゲーリッグの若いほうと年上のほうは、顔を合わせるときまって衝突した」。フレッドは、ふたりの女性の敵対心はルーの死後もずっと衰えることはなかった、と伝えている。クリスティーナとエレノアの間にあった憎悪の深さを考えると、私が催眠下でエレノアについて説明したときの、言葉の微妙な選択が気になった。私はルーの妻を、自分のやり方で物事を進めたい〝おかしな女の人〟と表現した。この抑えめな意見をよくよくふり返ると、ルーの母親は優しい心の持ち主で、誰かの――たとえ好きでない相手であっても――悪口を言う人ではなかったと、私は考えるに至った。

ゲーリッグ家の不和についてとくに大きな発見は、妻エレノアが共同執筆した本、『ルー・ゲーリッグ伝――ゲーリッグと私』（ベースボール・マガジン社）から出てきた。エレノアの記述によると、ルーは自分自身が酒好きではなかったので、彼女の飲酒にときどき腹を立てた、とある。具体的な事件として書いているのは、オールスター・チームの一九三四年アジアツアーの際、船の上での出来事にルーが激怒した一件だ。エレノア自身の弁明によれば、彼女は船上で二時間〝行方不明〟になった。ルーは彼女がベーブ・ルースの部屋にいて、ルース夫妻とシャンパンを飲んでいるのを見つけてひどく怒ったという。この一件が、その二年前から始まっていたルーとベーブの不和を決定的なものにした。この話で最も印象的だったのは、クリスチャンに結婚していたことを覚えているかと聞いたときの、彼が言った酒飲みと怒鳴ることについての意見と一致しているように見えた点だ。またこれが、過去生退行中に私が語った、ベーブ・ルースがルーの妻に〝ちょっかいを出そうとした〟一件でもあるのだろうかと考えた。

催眠下で明かされた事実と一致する証拠が出つづけるにつれ、私の懐疑心の鎖もどんどん緩んでいった。何かとてもリアルで自分の理解を超えることが、催眠によるトランス状態の間に起こっていたということは、私も確信した。とはいえよくわからなかったのは、なぜこんなことが起こるのか、一体これが何を意味するのかということだ。あの情報は異次元からチャネリングされたのだろうか？　それともじつは、私の魂の奥深い層に埋まっているの？

第16章

愛は決して死なない

「音楽の中に、海の中に、
一輪の花の中に、一枚の葉の中に、親切な行為の中に……
私は人々が神と呼ぶものが、
これらすべての中に見えるのだ」
パブロ・カザルス（スペインのチェロ奏者）

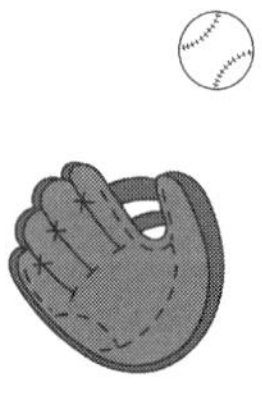

このとき私は、過去四十年間信じて拠り所にしてきたことに、疑念を抱いていた。答えを探し求めて異なる宗教について探り、それらの成り立ちである古代の文献を調べるうちに、まるで自分がイエスを欺いているような気にもなった。アメリカ人の二十五から三十パーセントしか輪廻転生を信じていないのに、世界全体では大多数が信じていると知ったときはショックだった。気づけば私は、ユダヤ教のタルムードや、キリスト教のグノーシス福音書、イスラム教のコーラン、ヒンズー教のバガバッド・ギーター、そしてカバラの文章に感銘を受けていて、

それらは輪廻転生への信仰を明確に表現していた。グノーシス主義の文献によれば、イエスさえも〝再生〟について語っていた。中でも最大の発見は、すべての宗教の根底に、己よりも偉大な普遍的パワーへの敬意と、互いに愛しあいなさいという指示があると気づいたことだった。

輪廻転生の歴史を調べていくと、輪廻転生を議論の余地のない真実として受けいれていた、著名な哲学者や詩人、科学者、そして思想リーダーも数多く見つけた。有史以来、輪廻転生の概念は文学や科学、そして宗教においてくり返し登場するテーマだということも発見した。興味深いことに、プラトンやソクラテス、ルーミー、ヴォルテール、カール・ユング、ウィリアム・ワーズワース、ウォルト・ホイットマン、ヘンリー・ワズワース・ロングフェロー、エドガー・アラン・ポー、W・B・イェーツ、ジョージ・パットン将軍、そしてヘンリー・フォードをはじめとする数多くの人が、過去生を信じ、人生は一度きりではない可能性を信じていたこともわかった。

ゲーテは友人の葬式で、こう述べている。「私は今ここにいるように、前にも千回ここにいたと確信している。そして千回戻ってきたいと願っている」。ヘンリー・デービッド・ソローは、輪廻転生は人類の奥深くに根づく本能だと信じていて、多くの人と同様に、とても強い既視感《デジャヴ》、つまり〝以前にもそこにいたことがある〟という感覚を体験していた。これをしてアルベルト・アインシュタインは、親友の死後にこう言った。「今やベッソは、私よりほんの少し先にこの奇妙な世界を旅立った。それが何かを意味するわけではない。私たちのような人々は……過去、現在、未来の区別は、頑なに永続する幻想にすぎないと知っているのだ」

とくに感動したのは、内なる平穏は自分自身と他者への愛と慈しみを育むことでやってくる、と説くダライ・ラマの教えだ。チベット仏教は思いやりの宗教で、他者の幸福を尊重することにより自分自身の恐れが取り除かれ、どんな困難に遭遇しても立ち向かえる強さが得られる、という基本原則の上に成り立っている。クリスチャンと私が戻ってくることを選んだのは、良い時間を再び生きるためというシンプルな目的だった、というメッセージを過去生退行で受けとった後では、人生の目的は幸福の追求と苦しみの緩和である、というダライ・ラマの教えには、これまで以上に共鳴した。そして私は考えた。野球を観戦したり、アイスクリームを食べたり、海で泳いだり、温かな抱擁をしたり、夕日を眺めたり、地上でのそういう単純な人生の喜びを理由に、私たちが戻ってくることを選択するなんてありえるのだろうかと。私がこの人生哲学を自分の信念体系に組み入れるには、〝すること〟をもう少し大切にし、〝しおえること〟はもう少し控えなくてはならなかった。

「真の慈悲があるところでは、怒りや嫌悪は存在できない」と言うダライ・ラマを、私は信じた。この信条は、私が育ってきた聖書の教えから遠くなかったのだ。しかし輪廻転生の件になると、キリスト教とチベット仏教はそりが合わなかった。けれども〝再生〟の概念はキリスト教の書物で広く用いられていて、初期の教会指導者たちには幅広く受けいれられていたと知ったとき、私は自分自身に教えを実践するキリスト教徒であることと、人生は一度きりではない可能性を信じる許可を与えたのだ。

輪廻転生を信じることはもはや死刑に匹敵する犯罪ではないものの、今もまだ意見が分かれる概念だ。〝再生〟の概念が四世紀に教会指導者たちから忌避された理由と経緯を調べると、どうやらこれが、教会と国家に対して信者を従順で忠実にしておく手段だったように見えた。ここのところ自分の人生で発生していた奇異な出来事を体験した後では、私にはもう、皆をつなぐ宇宙の神秘的な力を否定することはできなかった。地上での生《せい》の目的は第一に、良いときも悪いときもいかに互いに愛しあい、尊重しあうかを学ぶことだとはっきりわかった。私は生の神秘に対する決定的な答えを出せる人間などいないという事実に身をゆだね、それが最終的に、輪廻転生の件に関して私に安らぎをもたらしたのだった。

その次に出てきたのは、愛と慈悲の概念を日常生活に組み入れるという挑戦だ。過去生退行を受けた後、私は自分の視点が切り替わったのをはっきり感じた。履き古した靴を脱ぐように、すべての人間を、脱ぎ去ることのできる肉体を持った魂として見はじめると、社会のあらゆる方面の人々に対して、より慈悲を感じた。私の心は真っ盛りの花のように大きくひらき、鎧がはがれ落ちていった。気づけば私は自分自身に対しても、他の人に対しても、善し悪しを決めつけることが減っていた。ヨガと瞑想を実践することで、内なる平和は心のありようであって、みずから内に向きあうことでしか達成できないと教えられた。マイケルは、私が朝四時のサダナ瞑想教室に行きはじめたのをあまり喜んでいなかったが、私は瞑想をすると心が静かになって、魂の囁きが聞こえるようになるので、お祈りみたいなものだと説明した。日々の祈りと瞑想の実践をとおして、潜在意識が神性につながる入口だということもわかった。

そうはいっても、リトルリーグ野球のことになると、愛と慈悲の原則を実践するのはまだ難しかった。二〇一四年の春、対戦チームの監督が、クリスチャンの過去生話を共通の友人から聞きつけて、それをネタにして息子をばかにしだしたのだ。彼はリトルリーグの親たちの前で、「あの子はイカレてるね。自分のことをルー・ゲーリッグだと思ってるんだから」と言った。それを耳にした瞬間、この男に対する私の感情は、慈悲深い状態からはかけ離れていた。もっといえば、彼をやっつけてやりたかった——お母さん熊がわが子を守るように。朝の瞑想教室で悟りを得た禅師のようになっていても、このような瞬間、私は自分がそれとは程遠い状態だと気づかされた。

けれども野球をするわが子を見守ることに関して、慈悲深くふるまうのに苦戦しているのは、明らかに私ひとりではなかった。その証拠に、監督同士が荒々しく言い争うせいで試合が遅れ、なぜ皆イライラしているのだろうと、少年たちが困惑する状況が度々あったのだ。三振やエラーをした選手を、監督が激しく叱りつけることも珍しくなかった。あるときは、ベンチにいる私たちのチームに向かって、ある父親が「俺たちは楽しむためにここにいるんじゃないぞ。勝つためだ」と怒鳴るのを見た。このような場面はきっと、リトルリーグ野球の創始者、カール・ストッツには理解しがたいだろうと思う。リーグ創設における彼のビジョンは、協力とチームワーク、そして他者への敬意《リスペクト》を育成することなのだから。監督たちが審判の判定に文句をつけていたとき、観客席にいた母親がとてもうまいことを言った。「野球が何だっていうの。ここでは若い男のしつけをしてるのよ！」

あるときリトルリーグのプレーオフ試合で、クリスチャンをばかにしていたあの監督の息子が、私の血を煮えたぎらせることをした。対戦相手だったその監督の息子——七歳の一塁手——が審判にやじを飛ばし、気づくと私は一イニングの途中でイラッときていた。審判が「ワンボール」と言ったとき、その少年は自分チームの投手に、「気にするな、ジャック。その審判はストライクってものを知らないんだ」と大声で言ったのだ。最も呆れたのは、その少年の父親が息子を一切正そうとせず、失礼な発言を許しているように見えたことだ。

それから二回が過ぎ、その少年が打席に立って、二塁にゴロを打った。二塁手がそれをすくいとり、さっくりアウトをとるため一塁にいるクリスチャンに送球した。そのときその監督の息子が、クリスチャンよりふたつ年上で体もずっと大きいその息子が、走路から外れてクリスチャンにぶつかってなぎ倒したのだ——相手が球を落っことすことを狙って、この少年がちょくちょく使う手だった。クリスチャンはどうにかボールを握りしめていたが、首にケガをして途中退場しないといけなかった。気づけば私は、その子の首に縄をかけて、父親に崖から飛びおりろと言ってやりたいくらいだった。いくらこの監督に慈悲を感じようと頑張ってみても、感じるのは憤怒だけだった。

翌日、私はリーグにメールを送り、決勝戦に先立ってこの少年に警告を出すよう要請した。少年をやり玉に挙げて父親に復讐しようとすることで、私もリトルリーグ野球の基本原則を破ったことになり、あの嫌いになった監督と同じくらい罪を負った。私は自分のこんな部分が嫌いだった。でも監督への辛辣な気持ちは、自分で抑えられそうになかったのだ。言うまでもなく、愛と慈悲、そしてゆるしという私の新たなスピリチュアル修行は、まだまだ先が長そうだった。私が内面ですべき務めは終了には程遠かったが、頭の声が静かなときしか心はひらかない、ということをゆっくり学びつつあった。

第17章 魂のささやき

「耳を自分の魂に近づけて、しっかり聞くように」
アン・セクストン（アメリカの詩人）

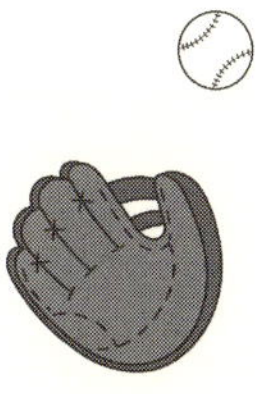

二〇一四年六月、リトルリーグのシーズン終盤のこと。クリスティーナとルー・ゲーリッグの人生に対する変わらぬ好奇心に身をまかせ、私はもう一度過去生退行を受けるべく、イエルンに会いにいった。夏休みはほんの一か月先で、願わくばイエルンへの二度目の訪問により、私たちの七月半ばのニューヨーク旅行に役立つ情報を明らかにしたかった。私たちはこの旅行中に、ルー・ゲーリッグの人生にちなむ重要な史跡を訪ねる予定だったのだ。これはタッカー博士からも、なるべく早めにしたほうがいいと勧められていたことだった。というのも、八月にはクリスチャンが六歳――一般的に、子供の過去生記憶が永遠に消える年齢――になろうとしていたからだ。ルー・ゲーリッグの旧居を訪ね、シャーロットとクリスチャンをヤンキース

タジアムでの試合に連れていき、その合間に私の調査を続けるべく、クーパーズタウンにあるアメリカ野球殿堂図書館も訪問する計画だった。

セッションはきっと三時間はかかるだろうと見越して、イエルンの家には午前十時についた。今回ドアをノックしたときは、恐怖ではなく期待で胸が膨らんでいた。イエルンはセッション前の軽い会話で、同じ人生に戻る可能性は低いと忠告した。過去生退行セラピストとしての彼の経験では、同じ人生に続けて退行したクライアントはひとりもいなかったのだ。彼は、「期待心を持たずに入っていくようにしてみて」と言った。イエルンのアドバイスを聞いた後、私はクリスティーナ・ゲーリッグの人生を再び訪ねるという考えは捨てて、新しい冒険に出るのも楽しいかもしれない、と心を決めた。

マッサージ台で横になると、何秒も経っていないと思うくらいすぐに、画像が徐々にはっきりと見えてきた。イエルンが今どんな気持ちか、どんな靴を履いているか、と聞いた。

「幸せです……そして若い」

足を見おろすと、つま先が覆われたつやのある靴、丈の長いスカート、エプロン、それに背中には長いひもの結び目が見えた。

「誰がそのひもを結ぶのを手伝ってくれるのですか」

「私のママ」

私はその状況を、青々とした牧草地で、野花が咲いていて、右手に湖があると説明し、夏を祝って家族パーティをしているところと言った。また私は四歳で、肉を調理するにおいがして、男の子たちが馬蹄投げをして遊んでいるのが見える、と言った。さらにイエルンの綿密な質問により、私が青い目をしていて、ブロンドの長髪で、母親がときどき上だけポニーテールに結ってくれるとわかった。

「今日はどんな好物を食べますか」

「クーヘン。いちごとホイップクリームの白いケーキ」

ドイツにいる夫の親族を訪ねたことがあるので、クーヘンはドイツ語でケーキのことだと知っていた。でも実際に言ったこともないその言葉が、自分の口から出てくるのを聞くのは意外だった。イエルンは質問を通じて、私を自宅の中へと連れていった。すぐに見えて説明したのは、森の中に農家の家屋があり、屋根は鉄で波型だということだった――私はその家のキッチンテーブルで座っていたのだ。そして、母親と父親と一緒におかゆ《ポリッジ》とケーキを食べているところ、と言った。イエルンに父親について聞かれると、「農夫のような人です……木を切るとか、そういうことをする人」と、私は言った。

イエルンは、この少女の人生で次に重要な場面に移るよう誘導した。

「一、二、三……今は何が起こっていますか」

私は自分自身をふくよかで、十七歳で、優秀な生徒で、祖母と一緒に暮らしていると説明した。

それから深い悲しみの混じる声で、「父はどこかよそで暮らしています。母は死にました」と、イエルンに言った。

「今、人生で大好きなことはありますか。または大好きな人は?」

「この家から出ていきたいです。どこかよそで暮らしたい……祖母を残しては行きにくいけど」

「おばあさんは、あなたのことを何と呼んでいますか」

「スティナ——クリスティーナの代わりに——ニックネームみたいなものです。祖父も死んで祖母は独りぼっちなので、私たちはお互いに面倒を見あっています」

言葉が口から矢継ぎ早に出てくるので、自分が何か言うたびに、まるで誰か他の人がしゃべるのを聞いているような感じだった。

私は、町の中心に食べ物を売っている青空市場があって、そこに行くために身なりを整えているところだと説明した。そして、「火の明かり——小さいろうそくが一列に並んでいる様子」が見えると言った。それから、好きな男——同じくアメリカに移住したがっている、年上の冒険好きなビジネスマン——について話しながら、自分の顔が赤くなるのを感じた。イエルンに、私が住んでいるのはどこかと聞かれると、「ヨーロッパのような感じで、北ドイツとか」と言った。そして、「アメリカに移り住んだ年上の子たち……が、手紙を送ってきます。あっちにはチャンスがあるんです」と言い、自分には友人がいることを説明した。話すにつれ、希望と楽観的な気持ちが押し寄せてきた。

イエルンはこの場面から次に移るよう誘導した。そして何が見えるか、または何を感じるかと聞いた。私は含み笑いをして、「私、妊娠してると思います」と言った。そして、幸せだけど赤ちゃんの父親――ボーイフレンドのヘンリー――とまだ結婚していないから怖い、と説明した。

「あなたの家族はそれで大丈夫なんですか。あなたが未婚のまま赤ちゃんを産もうとしていても、かまわないと？」

私ははにかみながら、「じつは、家族はまだ知らないんです。私たちはアメリカについたばかりで」と答えた。そして、今はある家族のもとで厄介になっていて、その家族も私の妊娠については知らないと言い、「家賃の足しになるように、料理と掃除をしています」と話した。イエルンが、アメリカには何を持ってきたのかと聞くと、私は「トランクが一個で、中は衣服や宝石、それに写真とか、個人的な物でいっぱいです」と言った。説明している品々は、フルカラーで細部まで完璧に見ることができた。

このとき、彼がアメリカまでの旅について質問した。私は船の最上階の甲板で黄麻布《おうまふ》を敷いて眠り、黒い蒸気が出るのが見えると説明しながら、まるで実際に船に乗っているように感じた。そして、十四日間の船旅ではシャワーを浴びることができず、倹約のため自分たちの食べ物を持ちこんだと言った。また笑いながら、「お酒も持ちこんだんです！」とつけ加えた。旅はドイツから直行だったのか、それとも別の国に寄ったのかと聞かれると、「アイスランド——北、だと思います」と答えた。そして、ニューヨークで船から降りて安心したと説明し、「署名」しないといけなかった、と言った。

「署名してどうなったんですか」

「彼らは名前と誕生日、それに出身地を知りたいと……。私たちはあまりお金を持っていませんでした。それでとにかくニューヨークに留まることにしたんです」

船上でドイツ語を話す人たちを見つけたことを説明していると、私は嬉しくなった。とくに好きなのは新しい友人のメレディス・クルーガーで、彼女は兄弟と一緒に旅をしていたと説明した。イエルンが、ヘンリーはどんな仕事をしているのか聞いた。私はためらいもせず、「手を使った仕事をしています。金属や工具のような物です。馬蹄もつくるかもしれません」と言った。そして、ニューヨークのどんなところが好きか、というイエルンの質問に、「人が好きです。何もかも新しくて好きです。ここの人たちのほうがずっと幸せで……私、ここにいて幸せです」と答えた。アメリカでの新生活について話しながら、私は大いに充実感と誇りを覚えた。

「では、赤ちゃんが生まれる日に移りましょう。何が起こっているか教えてください」と、イエルンが言った。

「医者に払えるようなお金がなかったので、家で友人たちに手伝ってもらうしかありませんでした」。それについてどう感じるかと聞かれると、自分でも意外な言葉が口から出てきた。「悲しい感じ、だと思います」

「なぜ悲しいのですか」

私は声を震わせながら答えた。「いいお産ではなかったんです……へその緒が赤ちゃんの首に巻きついていて」

私は、赤ちゃんが何も口にしようとしなかったことについて触れ、「お産がきつすぎたんだと思います。もし医者に行っていたら、坊やは大丈夫だったと思うんです」と言った。

そして出産を手伝った友人たちについて、「以前にもしたことがあったけど、何をすべきかちゃんとわかっていなかった」と言った。

「つらかったでしょうね」と、イエルンは共感した。

「ええ、赤ちゃんを埋葬するなんて悲しいです」という私の返事に、ふたりともショックを受けた。そしてこの瞬間、私は深い絶望感を覚えた。まるで自分自身の赤ちゃんを失ったかのように。

「赤ちゃんは何が悪かったんですか」

「坊やは熱がありました。でもやはり、問題は出産だと思います。坊やにはきつすぎたんです」

医者が来たときはもう手遅れで、赤ちゃんは生後十二日で死んだ、と私は伝えた。「もっといい決断をしていれば、何か助けがあったら、と思うんです……メレディス・クルーガーは助けてくれたと思います」

その悲しみが取り除かれたように感じたのは、イエルンが、次に見て体験するべき重要な場面に行くように、と指示したときだった。彼は数字を数えた後、「今、何が起こっていますか」と聞いた。今度は、私は母親で、ふたりの幼い子の体を洗ってあげているところだと、幸せな気持ちで説明した。そして、一歳の娘におっぱいをあげると、二歳の息子がやきもちを焼くと言った。

「でも坊やはもう大きすぎですから」

イエルンが、坊やはやきもちを焼くと何をするのかと聞くと、「私の腿の上に座ろうとするんです」と私は言い、ふたりして含み笑いをした。私は坊やの名前がルーだという自信はあるようだった。でも、女の子にニックネームがあったかと聞かれると、「名前はソフィだと思います。でも、私が彼女をどう呼んでいるかはわかりません」と言った。そして彼女のことを、青い目のおチビさんで、ルーよりも青白い肌をしていると説明し、「ルーも彼女のことが大好きなんです」と言った。健康な赤ちゃんかと聞かれると、私は含み笑いをしながら、「ええ、痩せてます。太らせないと」と答えた。

それから質問の方向が変わり、私たちがそのとき住んでいる所について聞かれた。私は、自分たちで郊外に見つけた三階か四階建てのレンガ造りの建物の、寝室が一部屋の安アパートで、幸せに暮らしていると言った。友人のメレディス・クルーガーとはまだ親しいのかと聞かれると、私は愛おしそうに、「ええ、彼女は良い友だちで……うちの子のことも、大好きなんです」と答えた。そして彼女は秘書としてかなり働いていると言うと、イエルンが「そのことについて、あなたはどう感じますか」と聞いた。私は、「自分のことのように嬉しいです。でもあんなに忙しくて男性に出会う暇があるのかと思うんです」と言った。ヘンリーとはもう結婚したかと聞かれると、私はにっこりとして、「ええ、私たち、結婚しています」と答えた。結婚式について聞かれると、含み笑いしながら、「庁舎に行っただけです。パーティとかそういうのはしませんでした」と言った。

イエルンに母としての人生について聞かれると、私は料理や掃除、それにふたりの子供の世話という日々の責任について話しながら、誇りと充足を感じた。夫の仕事について聞かれると、今は柵をつくる店で働いていると伝えた。イエルンに収入は大丈夫かと聞かれると、「大丈夫です。子供たちの写真を撮ってもらいたいんですけど、お金がかかるんです」と答えた。そして、お金について心配があるのは明らかなのに、「写真は撮ってもらうと思います」と話をしめくくった。

イエルンは次に重要な場面に移るようにと指示し、三つ数えてから、いつもの質問をした。

「今、何が起こっていますか」

「娘を埋葬しなくてはいけませんでした」と、私は静かに言った。

イエルンが私の悲しみを感じとって言った。「ああ、なんてことだ！」

私は「かわいそうなルー」のことが気がかりだと言った。「彼はとにかく混乱しているんです。妹がどこに行ったのかわからなくて」

「今、ルーは何歳ですか」

「三歳です」

「娘さんには何が起こったのですか」

「病気になって、熱が出て、ウィルス性のような……咳をしていました」

イエルンがこれはよくあることなのかと聞くと、私は深い絶望を感じながら思い返した。

「起こることです。起こることではあります。でも娘は良くなると思ったんです。私たち、何もかも試しました」

「何を試したんですか」

「特別な食べ物や薬など試しました。でも救えなかった」

そして、「娘の小さな体はとても熱かった。感染でした」と言ったとき、その少女が苦しんでいるのが見えた。私は、娘は日没に死に、その場には牧師にもいてもらったと言った。イエルンが、ルーは妹の死にどう折りあいをつけているのかと聞くと、私は、「赤ちゃんがいなくなって、ただ寂しがっています。いつか息子にも赤ちゃんができてほしいです」と言った。

「ヘンリーはこの件にどう折りあいをつけていますか」

「悲しんでいます。でも目立たない所で……働こうとしています。彼の姿はあまり見ません」

夫婦の関係についてイエルンに聞かれると、私は、「夫は静かです。ときどき怒鳴ることもあります。私たちは大丈夫です」と言った。

イエルンは雰囲気を軽くして、「夫婦で主導権を握っているのはどちらですか」と、明るく聞いた。私は、「彼は本当に強い人ではありませんし、あまり話し好きでもない。決め事はどちらかと言えば私がしないといけません……彼はあまり意見がないんです」と答えた。

イエルンは赤ちゃんを失った件についてまた触れ、気持ちを表に出せたかと聞いた。私は、たくさん泣いたけど、ルーの前では泣かなかったと言った。そしてきっぱりと、「息子のために強くあるよう努めています」と言った。

イエルンはセッションの最後で、私がまだトランス状態のうちに、〝キャシーの潜在意識〟と話をする許可を求めた。そして、この一連の出来事の目的について聞いてきた。

「ルーと妹の写真がどこかにあるんだと思います。もしかすると、ニューヨークに行ったときに見つけられるかもしれない」と、私は言った。

イエルンの家を出たとき、私はこの体験の重みがふり払えなかった。幼いわが子ふたりを、早すぎる死で失うという体験をじかにしたのだ。おぼろげに思い起こすと、ルー・ゲーリッグに幼くして死んだきょうだいがいたというのは、読んだことがあった。でもそれについて考えたことはあまりなかった。私の父が三歳の女きょうだいを髄膜炎で亡くしていて、その個人的経験から、一九〇〇年代初めは、小児病による死亡が一般的だったと知っていた。死別の痛みが深く響いてくるという、このとても現実とは思えないような体験をして初めて、ルー・ゲーリッグの亡くなったきょうだいが重要に思えてきたのだ。

帰宅してまず、ルー・ゲーリッグの家系図をAncestry.com［訳註：家系のルーツに関する情報を提供するサイト］で調べた。サイトでは、きょうだいが二名載っていた――ルーの一年後に生まれ、一歳半で死去したソフィ、それとルーの前年に生まれ、三か月しか生きられなかったアンナだ。かなり異様で気味の悪い行為ではあるが、私はソフィとアンナ・ゲーリッグの出生証明書と死亡証明書を注文した。数週間後に書類が届いたとき、目にとまったのはソフィ・ゲーリッグの死亡証明書だ。中身を読んで、私は息をのんだ。死因が「はしか、ジフテリア、気管支肺炎」となっていたのだ。どうりで高熱や咳はもちろん、私の言っていたような苦痛があったわけだ。

インターネットで読んだところでは、ルーは四人きょうだいで、乳児期を生き延びた唯一の子だった。それなのにゲーリッグ家の四人目の子供については、出生も死亡も記録が見つからなかった。直観的に、その謎のきょうだいは、ヘンリーとの結婚前に産んだと言っていた、あの坊やに違いないと強く感じた。私は催眠下で、この妊娠は親には秘密にしていて、生後十二日で死んだので名前もつけなかったと言っていた。催眠下でとてもはっきり見えた、クリスティーナ・ゲーリッグの未婚の妊娠は、じつは本当だったのではないか。もしそうなら、きっとそれは彼女が世間に——家族にも——、自分が死ぬまで伏せておいたことに違いない。それなら、ゲーリッグ家の四人目の子供の出生順位がなぜ謎のままなのか説明がつく。

その他、クリスティーナに本当にメレディス・クルーガーという名の友人がいたのかなど、退行中に出てきた詳細の多くは証明が難しかった。とはいえ、ルー・ゲーリッグの母親、クリスティーナ・ファッケが、まさに私が伝えたとおり、十九世紀初めの自身が十代のときに、ドイツから船でアメリカに渡ってきていたことを裏づける文献は、見つけることができた。それに、アメリカへの旅ではアイスランドに寄港することがよくあった、ということも探り出した。

クリスティーナのドイツでの幼少期について情報を探すのは難しかったが、彼女がたしかに祖母と暮らしていたと読んだときは驚いた。それが母方の祖母かどうかは確定できなかったが、催眠下の私は、そのことにかなり自信があるようだった。そしてインターネットで調べると、ドイツではかつて、〝スティナ〟がクリスティーナの一般的なニックネームだったことも明らかになった。そんなこと、私はそれまで全然知らなかった。それに、一八〇〇年代終わりのドイツの家の写真も発見した。波型の鉄の屋根で、彼女の幼少期の家をイエルンに説明していたときに見えたのと似ていた。

インターネットでのルー・ゲーリッグと幼い妹の写真探しは、まったく不作だった。もしそんな写真が存在するなら掘り出そうと、今度はそのことが私の頭から離れなくなった。私は感じたのだ。クリスティーナ・ゲーリッグにとって、たとえ金銭的な余裕がなくても、子供ふたりが一緒の写真を撮ることがいかに大事だったかを。そこでニューヨークでのやることリストに、この写真探しも加えた。もしそんな写真が存在するなら、きっとアメリカ野球殿堂図書館の保管資料のどこかにあるはずだった。

ニューヨーク旅行の少し前、私はついに勇気を奮い起こして、マイケルにイエルンとの過去生退行の件を話した。予測していたとおり、彼は私と違ってこれらの発見にはまったく興味を引かれず、すべてをとても変だと考えた。私は彼を責めはしなかった。彼の言うとおりなのだから。子供たちとニューヨークへの一大旅行に出る前夜、マイケルと私は、映画『打撃王』を観た。ルー・ゲーリッグの生涯を描いた一九四二年の古典作品で、ゲーリー・クーパーが主役を演じている。映画では、ルーの母親は何のユーモア感覚もない、厳格で高圧的なドイツ女として表現されていた。これは私の退行で浮かびあがっていた心優しい——ときどき愉快でもある——母親とは、まるで対照的だった。

信じられない思いでじっと座りこんでしまったのは、ルー・ゲーリッグがヤンキースからの引退スピーチ前に、余命わずかと告知されているように描かれていた場面だ。これは彼の母親として一人称で話しているときに感じた、息子はかならず良くなるという強い確信と完全に矛盾していた。

「私、自信がある。ルー・ゲーリッグの母親は息子の死ぬ瞬間まで、病が致命的だって知らなかったと思う」と、私はマイケルに言った。

その場面をまた見ようと巻き戻しボタンを押して、「ありえない、い、い。ルーが『最も幸福な男』のスピーチをする前に、自分がもうすぐ死ぬって知ってたなんて！」と熱っぽく主張したとき、彼は私が完全に正気を失ったと思ったに違いない。

狂気じみているとはいえ、私は過去生退行をとおして浮上した情報が正しくて、映画が間違っているという直観的な感覚を捨てられなかったのだ。

第18章 野球天国

「前進にはつねにリスクが伴う。
一塁に足を置いたまま二塁に盗塁することはできない」
フレデリック・Ｂ・ウィルコックス

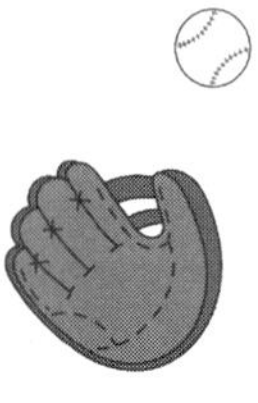

二〇一四年七月、ニューヨーク旅行の数日前のこと、ＭＬＢオールスター戦の試合前のショウ冒頭で、クリスチャンを特集した映像がＦＯＸスポーツで放送された。
この五分間のコマは五時間近くかけて撮影され、クリスチャンが野球をしたり、メジャーリーグのオールスターになる夢を語ったりする姿を取りあげたものだ。彼の投球や打球、滑りこみ、捕球、それにベンチに座る映像の合間に、過去のＭＬＢオールスター選手のハイライト映像が織りこまれていた。そのコマのしめくくりに、実況解説者がこう言った。「五歳のクリスチャン・ハープト君でした。いつか彼の姿をオールスター戦で見るかもしれませんね」

クリスチャンの六歳の誕生日は一か月後で、彼がそれまでの三年間ふんだんに話していた記憶は、タッカー博士の予測どおり、朝露のように消えて失くなりつつあるようだった。ルー・ゲーリッグの人生ゆかりの重要な史跡を見せるこの旅が、どうか遅すぎでないよう私は願った。宿泊先がニューヨーク州クーパーズタウンのアメリカ野球殿堂近くにある、水道もガスもないベニヤ板造りの小さなロッジだとわかると、マイケルは家に残って犬の世話をすると決めた。思うに彼が旅を遠慮する決意を固めたのは、二十五セントのシャワーと、気持ちの悪い虫が這いまわる可能性について聞いたからだ。

旅までの何週間かで、私は公認不動産業者の腕を駆使して、現存するルー・ゲーリッグの旧居二軒の家主名を突きとめた。まず訪ねたかったのは、ニューヨーク州ニューロシェル市メドウレーン九番にある家だ。ルーはこの家を両親のために、一九二七年、ヤンキースと初めて大きな契約を結んだ後に購入していた。物件プロフィールにより、現在この家は長いイタリア語の名字の、ジミーという男性に所有されているとわかった。二軒目はリバーデールにあり、こちらはルーが亡くなるまでの二年間を、妻のエレノアと暮らした家だ。私は家主それぞれに手紙を送り、クリスチャンの過去生記憶のことと訪問の意図を説明した。私たちが玄関先に現れたときに、現在の家主ふたりに目の前でドアをピシャリと閉められることがないよう願いつつ。

旅の準備として最後の仕事は、アメリカ野球殿堂の幹部に連絡をし、ゲーリッグ家の私的文書とスクラップブックの閲覧許可を求めることだった。私のミッションは、幼少期のルー・ゲーリッグと幼い妹の写真を見つけることで、他にもクリスチャンの過去生記憶や私の過去生退行を立証するか、または誤りを暴く手がかりになることなら何でも探し出すつもりだった。

シカゴを経由してオールバニ国際空港行きの飛行機に乗ると、中は野球をテーマに着飾った人でいっぱいだった。私たちの隣りに座っていた親切な男性は、セントルイス・カージナルスがワールドシリーズで優勝したときのチャンピオン指輪をしていて、クリスチャンはそれをつけさせてもらって興奮していた。私たちが到着するのは、年に一度の殿堂入り表彰式がおこなわれる週末の前夜で、野球史に名を残す著名人たちがクーパーズタウンに集うタイミングだったのだ。皮肉にも二〇一四年は、第一回の殿堂入り表彰式から七十五周年だっただけでなく、ルー・ゲーリッグが断腸の思いで野球に別れを告げてから——ヤンキースタジアムで六万千八百八人のファンを前にして、あの象徴的な「最も幸運な男」のスピーチがおこなわれてから——七十五周年でもあった。

ルー・ゲーリッグは存命中に殿堂入りに選出されたのに、正式な殿堂入り式典がおこなわれたのはようやく二〇一三年だなんて、それも皮肉な気がした。そして二〇一四年に殿堂入りを果たすのは、グレッグ・マダックス、トム・グラビン、フランク・トーマス、そして監督陣としてジョー・トーレ、ボビー・コックス、トニー・ラルーサだった。私たちの友人トミー・ラソーダは、自身が一九九七年に殿堂入りをして以降、毎年クーパーズタウンに来ていたが、この年は親友のジョー・トーレが殿堂入りするのでひときわ特別だった。

シャーロットとクリスチャンと私は、オールバニのホテル――これからの一週間で最後の水道つきの寝場所――で一泊した後、アメリカ野球の聖地をめぐる旅に出かけた。バラク・オバマ大統領がクーパーズタウンに滞在したのは、私たちの到着する二か月前のことで、現職大統領としては、史上初のアメリカ野球殿堂博物館への訪問だった。オバマ大統領はクーパーズタウン訪問中に、「私は野球を愛していて、アメリカは野球を愛している。野球はこれからもアメリカの娯楽でありつづける。そしてどんな野球ファンも、一度はここへ旅に来るべきだ」と所感を述べた。

私たちがクーパーズタウンに旅にきたのは、別に大統領に感化されたからではなくて、きっかけは少年野球の監督、アリ・セペダだ。秋と冬の間、クリスチャンは〈セペダ・ブルズ〉という、トラベル野球チームに所属していた。殿堂入り選手（かつアリ・セペダの父親である）、オーランド・セペダにちなんで命名されたチームだ。みずからも傑出した野球選手だったアリ・セペダとその兄マルコムは、数年前から毎年七月に、クーパーズタウンのビーバーバレー・キャンプ場で、二週間の野球合宿をひらいていた。ふたりの父親、オーランドが名誉を称えられる、殿堂入り表彰式の週末に時期を合わせてのことだ。

プエルトリコ出身のオーランド・セペダはメジャーで十六シーズン出場し、ジャイアンツで強打者の一塁手として、著しい活躍を見せた。そしてオーランドの父親であるペドロ・〝ペルーチョ〟・セペダは、〝カリブのベーブ・ルース〟や〝ブル〟という異名を博していた。そのためオーランドが父親と同じ道を歩んだとき、〝ベビー・ブル〟と愛情をこめて称された。二〇一四年の時点で、オーランドは、ロベルト・クレメンテに次いで殿堂入りを果たした、唯一のプエルトリコ出身者という栄誉を保持している。

　私は彼らの組織である〈セペダ・ベースボール〉のウェブサイトで合宿について読んだ後、今回の旅を何か月も前もって予約していた。というのもこの合宿が、タッカー博士にも勧められていたように、クリスチャンをニューヨークに連れていく絶好の機会に思えたからだ。私たちが滞在する森の小さなロッジは一週間で三百五十ドルで、これは安い買い物だった。なにせ一年のこの時期、クーパーズタウンでは、比較的安価なホテルでも一泊三百五十ドル以上するのだ。私たちの到着したこの日も、存命する殿堂入りメンバー七十二名のうち式典に参列する五十八名を称えるべく、五万近くもの人々がこの田舎町につめかけていた。

　グーグルマップに従ってまっすぐ町の中心につくと、見渡す限りの豊かな緑に囲まれた、オチゴ湖の見事な景色が現れた。この思わず息をのむほどの湖を、アメリカ先住民は〝オテサガ〟と呼んでいたと言われていて、ジェームズ・フェニモア・クーパーは〝かすかに光るグラス《グリマーグラス》〟

と呼んだ。水辺の遊歩道に近づくと、シャーロットとクリスチャンは探検したくてたまらず、レンタカーの窓をあけた。湖の石の上をスキップして少し遊んだ後、私たちは最初の立ち寄り先、トミー・ラソーダとのランチに向かった。メイン通りを進むと、まるで一九五〇年代のノーマン・ロックウェルの絵画に足を踏みいれたような感覚を彷彿した。そしてトミーおじさんが見つかるはずの、町で唯一の本格的イタリアレストランを探しながら、野球ファンの海に逆流して進んだ。

トミー・ラソーダとクリスチャンは特別な絆を築いていて、それはふたりが一緒のときは明らかだった。レストランで、トミーはクリスチャンと敬愛を交わしながらハグをした後、シャーロットが真面目な表情をしているのに気づいた。すると腕を伸ばして彼女を引き寄せ、大きなクマさんのようにギュッと温かくハグし、「きみはとても美人さんだ。だけど、笑顔がないとそれが見えないぞ」と言った。その心温まる言葉に、シャーロットはどうにか笑顔になり、私はなぜこの男のことが大好きなのかを思い出した。

もうすぐ八十七という年齢でなお、トミーは野球界きっての働き者だった。関節炎の左手につけている結婚指輪は、夫人のジョーとの六十年の結婚生活を象徴していた。そしてルー・ゲーリッグのように、トミーも左投げで左打ちだったが、書くのは右手と教わっていた。当時はそれが社会的に奨励されていたのだ。この日、彼の右手はランチ中に時間外労働をしていて、小さな野球ボールの図が十五個エンボス加工されたA四サイズのステッカーの束に、延々とサインをしていた。そしてその合間に、彼は赤ワインを口に含んでいた。イタリアの伝統を引き継ぐ証だ。そしてようやくサイン書きからひと休みして、パスタとサラダを食べると、私たちと同じテーブルについていた部下たちに向かって言った。「リトルリーグ野球をどうにかしたいか？　だったら母親に監督をさせるといい」。その後、彼が母親たちに抱く愛と敬意は自分自身の母、カルメラ・ラソーダへの愛からきていると話した。彼女は真心あるあったかなイタリアのお母さんで、コンロの上の料理と五人の息子たちへの励ましの言葉を、つねに欠かさなかったという。

次の立ち寄り先は、クーパーズタウン中心にある球場、ダブルデイ・フィールドだ。有名な野球ライター、ロジャー・エンジェルが、〝野球関連の執筆における価値ある貢献〟を称えられて、J・G・テイラー・スピンク賞［訳註：全米野球記者協会が与える最も栄誉ある賞］を、この球場で授与されることになっていた。九十三歳のロジャー・エンジェルは《ザ・ニューヨーカー》誌に五十年以上寄稿している、優雅なる散文の達人だ。野球という偉大なゲームへの賛辞の中で、こう述べている。「私の感謝の先は、つねに野球そのものに帰着する。ふたをあけてみれば、野球は大いになじみ深いのに驚きがあり、大いにゆったりしているのに厳密さを要するとわかった。とても簡単そうなのに胸を打つほどとても困難で、おかげで私のノートもシーズンも、慌ただしくふさがってしまった。なるほどたしかに、時間潰しになる娯楽である」
エンジェルは受賞スピーチで、自分が文芸の世界に出合えたのは、母親のキャサリン・サージェント・エンジェル・ホワイトと、義理の父、E・B・ホワイトのおかげと述べた。母親は《ザ・ニューヨーカー》誌で初のフィクション編集者であり、義理の父親は『シャーロットのおくりもの』（あすなろ書房）や『英語文章ルールブック』（荒竹出版）の著者だ。私の子供たちは賞の意義をあまりわかっていなかったが、スピーチが終わるまでどうにかじっと静かに座っていた。ここでとくに良かったことのひとつは、なごやかな九十六歳の男性、ホーマー・オスターフートと知りあったことだ。彼は一九三九年の第一回目から、欠かさず殿堂入り表彰式に出ていた。

森の中での野球キャンプに備え、食べ物と必需品を車に積んだ後、私たちは町を出て丘陵地帯へと進み、五日間わが家となるキャンプ地を探した。到着する頃には、外は暗くなっていて、雨が降って冷えきっていた。私はマイケルが参加を見あわせたのは正しかったかもしれない、と思いはじめていた。私たちはさっき買ったレインコートを着て、共同トイレに行く道を探りながら進み、それから内装のほとんどない、旅先のわが家へと避難した。

第19章 打撃王

「大事なのは、質問をやめないことだ。
好奇心はそれなりの理由があって存在する」
アルベルト・アインシュタイン

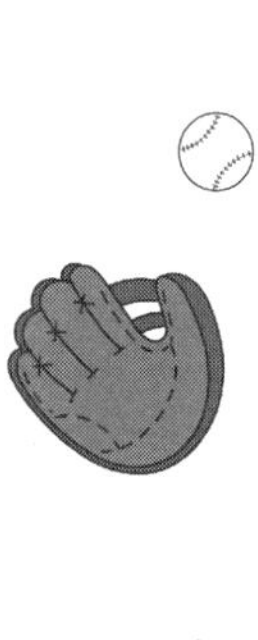

翌朝、日の出から少し経った頃にロッジの戸口から外を覗くと、前日の夜には怖気づいてしまうような、謎めいて感じられたこの場所の美しさに圧倒された。戸口から五十ヤードほど離れたところには、映画『フィールド・オブ・ドリームス』からそのまま出てきたような野球場があった。それを縁どるように、澄んだ青空や白い雲、それにゆるやかな丘陵が広がっていて、カリフォルニアでは高地でしか見られない樹木が厚く茂っていた。二十五セントのシャワーをとことん満喫した後、シャーロットとクリスチャンと私は、合宿の主催者にあいさつをするため食堂に向かった。サンフランシスコ・ジャイアンツの服を着た、友人のアリ・セペダと思し

き男性がいたので、私は背後から近づいた。すると振り向いてあいさつをしてきたその男は、見慣れないけど見たことのある顔だった。聞けばそれは、アリの兄、マルコム・セペダだった。

　簡単に自己紹介した後、マルコムは一家に伝わる話をしてくれた。父親のオーランド・セペダは、一九七二年十二月三十一日、ラテンアメリカ出身の伝説的野球選手、ロベルト・クレメンテの命を奪ったあの飛行機に乗って、地震の被災者に援助物資を届けるため一緒にニカラグアに行く予定だったという。しかし運命のいたずらで、やはりその飛行機には乗らないことにした。なぜなら、生後一か月の息子（マルコム）を家に置き去りにしたくなかったからだ。幸いオーランドは家に残って家族と一緒にいることを選び、四年後には息子のアリが生まれた。一九七二年に起こったロベルト・クレメンテの痛ましい死を受けて、オーランドはオールスターの主砲となり、史上まれに見る最高打者のひとりとなったのだった。

　アリとマルコムは成人して以降、一家の非営利少年野球組織〈セペダ・ベースボール〉を通じて、父の遺したものを守るべく人生を捧げている。私が初めてアリに出会ったとき、彼は、「自分が地上に置かれた理由は野球だと信じている」と言った。いわく、このスポーツに対する知識と情熱を、同じくらい野球好きな子供たちと分かちあう機会に勝る喜びはないという。

　クリスチャンは、毎朝目を覚ませばウィッフルボール〔訳註：野球に似たスポーツで、穴のあいた軽いボールを使う〕が待っていて、その後は七時間の野球特訓で有頂天だった。セペダ兄弟とスタッフのコーチ陣と野球をするという、人生でまたとない時間を彼が過ごしている間、私は毎日シャーロットを傍らに、近くのアメリカ野球殿堂でジアマッティ研究所の所蔵資料を徹底的に洗い出した。ルー・ゲーリッグに関する、法的文書やスクラップブック、それに新聞記事の山に目を通す間、彼女は喜んで何時間でもコンピューターゲームをしていた。資料の多くは、ルー・ゲーリッグの母親と妻から博物館に寄贈されたものだ。ジアマッティ研究所のじつに頼もしいマネージャが、私が旅に先立って依頼しておいた書類の入った箱を、毎日大きなカートにぎっしり積んで運んできてくれた。この百年近く前の文書は、通常は野球殿堂の書庫で、空調つきの保管エリアに納められていた。その多くはもろくなっていたため、取り扱いには白い手袋をつけなくてはならなかった。これらが保管室から出されるのは、きっと長年で初めてのことだったのだろう。

最初の興味深い発見は、エレノア・ゲーリッグ寄贈の私的な法的文書に含まれていた情報だ。その内容は、彼女自身と、ルーの両親であるヘンリーとクリスティーナ・ゲーリッグとの間で続いていた、不和を示すものだった。ルーの妻と両親はそれぞれの法定代理人を通して、ルーの墓をどこにすべきかから、ルーが両親のために買っていた生命保険の受取人として夫妻が正当かどうかまで、すべてにわたってもめていた。そのファイルには、エレノアが自身の法定代理人からもらった手紙もあり、そこにはゲーリッグ夫妻を保険金の受取人から外す計画の概要が述べられていた。手紙にはこう書かれている。

ゲーリッグ母はドイツ国民であり、彼女が金融機関に預けている金銭はすべて凍結可能。

続いて見つけたのは、最終的にエレノアが、ヘンリーとクリスティーナがまだドイツ国民だと証明することで、夫妻がルーの生命保険金を受け取る権利を無効にすることに成功した、と言明した法的文書だ。この情報を見つける前から、私はエレノア・ゲーリッグのファンではなかった。でも今やルーの両親に対する彼女の仕打ちは、残酷そのものに思えた。

他に見つけた手紙には、エレノアがルーの財産からゲーリッグ夫妻に渡した金は五ドルだけで、その目的はルーの父親の死去に際して死亡証明書を購入するため、と書かれていた。私が違和感を覚えたのは、死亡証明書を買った五ドルの領収書が、エレノア・ゲーリッグによってアメリカ野球殿堂に寄贈されていることだ。これらの書類を寄贈することで、エレノアが進んで内輪の恥をさらそうとしているという事実から考えるに、彼女は自分の行動を誇りに思っていたに違いない。私は自分の発見に悲しくなり、日を追うごとに、ルー・ゲーリッグの妻がますます嫌いになっていった。彼女は私が退行中に言い切ったような、単に〝おかしな女の人〟ではなかった。心ない人だったのだ。

野球殿堂図書館での事実発見ミッションで見つけた全書類の中で、ピカ一の情報は、妻エレノアの母親から、クリスティーナ・ゲーリッグの法定代理人に宛てた、タイプライターで打った手紙だ。ルー・ゲーリッグの義母、ネリー・ツイッチェルは、その手紙にこう書いている。

それから起こったのがルーの病気です。一年間、彼は胆のう疾患の治療をされました。有名な医者がそう誤診したのです。彼は野球で転落しました。エレノアも極めて心配そうな様子を見せだしました。手短に言いますが、最終的にルーはマヨ診療所に行ったのです。エレノアはすぐに、ルーの余命は長くて三年と告げられました。幸い、告知の際にルーは不在でした。二週間、娘は椅子に座りこんだまま、一晩中悲しみに暮れていました。娘のあんな姿は見たことがありません。それからルーが戻ってくる前日、彼女はできるだけ自分の見栄えを整え、顎を引き、その立派な勇気を知らしめる準備をしたのです。

この後、私はふたりと暮らしました。だから言えますが、ルーは息を引きとる最期まで、自分が死ぬことを知りませんでした。エレノアが医者全員にそう手はずし、友人全員にそう手はずしたのです——ルーの気力を支えるために。そして日を追うごとに彼の麻痺は進み、娘が強いられる緊張もいっそう大きくなっていったのです。彼女がそれにひるむことは決してありませんでした。

心ではこれが真実だとすでに知っていたとはいえ、私は読んだ内容がほとんど信じられなかった。ルー・ゲーリッグとその両親は、息子の病が致命的だということを、一切知らされていなかったのだ！

私は机の上にあった携帯を急いで手にとり、この発見をマイケルに伝えるためすぐさま電話した。殿堂図書館で近くで調べものをしていた人々は、私の言うことを聞いてギョッとしたに違いない。

「マイケル！　映画『打撃王』が間違ってて、私の退行のほうが正しかったの！　ルーが死にかけてるって、本人も両親も全然知らされなかったのよ」

私は声を低くして、手紙の内容をマイケルに順序立てて説明した。私の疑念が正しかったと確認されたのだ――ルー・ゲーリッグは、ヤンキースタジアムで「最高に幸運な男」の引退スピーチをしたとき、自分の死が差し迫っていることを知らなかったのだ。

また同じ手紙から、亡くなるまでの最後の三か月間ルーを両親から遠ざける原因となった、エレノアとクリスティーナ・ゲーリッグの、そら恐ろしい喧嘩についても詳細がわかった。エレノアの母の記述によると、喧嘩が始まったのは、このふたりの女性がキッチンにいて、ルーが別の部屋で寝ていたときだった。ルーの義母いわく、エレノアが怒りを爆発させたのは、クリスティーナに、「乾燥豆のほうがビタミンをとるにはいいの。もしルーが私のもとにいれば、こんなことにはならなかったのに！」と言われた後だという。それに対するエレノアの反応について、彼女の母はこう書いている。

エレノアは激怒し、姑のせいで起こった不幸のすべてを一気に噴出させました。ほとばしる言葉にまかせて、ずっと溜めこんでいたことを全部言ったというわけです。最後にエレノアはこう言いました。「あんたとあんたの料理のせいで、お義父さんをごらんなさいよ――癲癇《てんかん》じゃない。自分自身をごらんなさいよ――血圧と心臓が悪いじゃない。で、上で寝てる息子は病気。私を見てよ――ネルを――バドを。私たちはとっても健康よ。いつかこの病気の原因がわかったら、赤っ恥かくのはあんたかもね」

この口論から三か月もしないうちに、ルーは死んだ。そのときの母の悲しみがどれほどのものだったか、私は考えずにはいられなかった。ひょっとするとこれが、ある夜クリスチャンが就寝前にルーの妻について話していた、〝怒鳴った〟ことなのだろうか。強く感じたのは、クリスティーナとエレノアの関係が亀裂したせいで、ルーの両親は、息子の死去が数か月、数週間、数日と近づく中、ちゃんとお別れを言えなかっただろうということだ。

アメリカ野球殿堂ジアマッティ研究所での最終日、私はとうとうルー・ゲーリッグの写真を取りに、写真保管室に行った。今ふり返れば、写真を探すのに躊躇があったのは、ルーと幼い妹の写真がもし見つからなかったらという恐怖があったからだ。退行中に出てきたその写真を、私は是が非でも見つけたかったのだ。

所蔵写真の状態を保つ担当者のジョンという気さくな従業員が、シャーロットと私を連れて、摂氏十三度程の冷んやりした保管室の中を案内してくれた。過去七十五年間に、博物館に寄贈された全写真が保存されている場所だ。通路という通路に天井から床までびっしりと、無数の写真が入ったフォルダーが吊り下げられていて、見ていて圧倒された。そしてシャーロットと私の着ていたノースリーブに短パンは、真夏に冷蔵庫の中に入っていくような体験には、充分な備えになっていなかった。

Gのコーナーからルー・ゲーリッグ関連のフォルダーを全部集めた後、私たちは研究所図書館に戻った。私は白い手袋をつけ、獲物を探す野生動物さながらに、ファイル十二個の調査に着手した。写真をより分けはじめて一時間が経ったとき、ゲーリッグ家とラベルのついたひときわ大きな写真棚から持ってきた、最後のファイルに到達した。一枚目、二枚目、三枚目。その後、山積みの写真の一番下に……あったのだ。

手袋をつけた指を震わせながら、それを手にとった。幼いルー・ゲーリッグとまだ赤ちゃんの妹が、一緒に馬車に乗っている写真だ。私は泣きそうになった。ルーは馬車の前列に座っていて、にこやかな表情で手綱を握っていた。その横には年輩の女性がいて、ルーを腕で包みこむように抱いていた。そして彼女の腿の上に座っているのは、白い帽子をかぶった赤ちゃんだ。これがソフィに違いない！

長い年月を経て黄ばんだその白黒写真を手にしていると、嬉しくて胸が逸った。クリスティーナ・ゲーリッグは、子供たちを一緒に写真に撮るという夢を、娘ソフィの亡くなる前に果たせたのだ。それがわかって、私は安心した。過去生退行中に体験した場面の中で、彼女の人生で最も幸せに見えたのが、二児の母として過ごした短い時間だったのだ。この写真を見ていると、シャーロットとクリスチャンの姉弟としての絆について考えさせられた。そしてクリスティーナ・ゲーリッグを思うと、心が痛んだ。

野球合宿の最終日、シャーロットと私は親子対抗の練習試合に加わった。合宿に参加した子供たちが、自分の家族を相手に投球するのだ。クリスチャンは私たちから三振をとりたがったが、その試みは失敗に終わった。町から出る途中、最後にまたアメリカ野球殿堂に立ち寄ると、クリスチャンとシャーロットは大はしゃぎで展示物すべての写真を撮った。その後は四時間運転してブロンクスに行き、引退の近づいていたデレク・ジーターの試合を観戦した。デレクはルー・ゲーリッグの安打記録を破った最初のヤンキース選手だとクリスチャンに告げると、彼はデレク・ジーターの大ファンになった。

ルー・ゲーリッグの旧居のドアをノックするのは少し緊張したので、その仕事はニューヨークで過ごす一日の最後にとっておいた。ニューロシェル市メドウレーン九番にある家に車で近づくと、私は既視感《デジャヴ》を覚えた。白い家が丘の上にたっていて、まさに催眠下で見て説明したとおりだったのだ。草に覆われた急勾配の前庭を進みながら、クリスチャンは家の写真を撮り、その様子をシャーロットが写真に撮った。

クリスチャンが先に玄関先の階段を駆けあがり、柵つきのテラスでドアをノックした。出迎えたのは、気さくでカリスマ感のある家主、ジミーだった。彼は昔ながらのニューヨークなまりで、マリソルという名の素敵なガールフレンドを紹介した。私の出した手紙について直接は触れず、訪問の目的は承知しているとそれとなく示しながら、私たちを案内するため親切に中に通してくれた。おそらく間取りは、一九二七年にルー・ゲーリッグが購入したときのままだと思う。なぜならいくつかの新しい電気器具を除けば、現代社会の手が及んでいないように見えたからだ。マリソルがキッチンに残って忙しくしている間、私たちは四階建ての家を一部屋ずつまわり、その後を彼女の九歳の甥と二匹の猫、タイガーとソフィアがついてきた。

ジミーは地下室も覗かせてくれた。地下の浴室を見ると、家が一九〇五年に建築された当時のもともとの浴槽と、鎖を引いて水を流すトイレがまだついていて、気づけば私は過ぎ去りし時代について空想にふけっていた。彼が言うには、おそらく地下の浴室はその当時石炭を配達にきた労働者が、住居スペースに入らずに汚れを落とせるようつくられたのだろう、ということだった。屋根裏に行くと、ジミーは古い杉の戸棚と、もともとガスの配管だったという小さな装置を指さした。前に子供だったときの家には〝明かりに火〟があった、というクリスチャンの話を私がすると、ジミーはおもしろがっていた。私は、自分たちの住む南カリフォルニア地域では、大半の家が一九六〇年以降に建てられているので、ガス燃料の照明装置を見るのは初めてだと説明した。

ルー・ゲーリッグが両親と一九二七年から一九三三年まで住んでいた、メドウレーン九番の白くて大きな家の柵つきテラスに立っていると、クリスチャンが一瞬ぼんやり考えこんでいるように見えた。

「ここはベーブ・ルースが煙草を吸ってたところだ」と、彼は言った。

私は自分で調べて、ベーブ・ルースがメドウレーンの家の足繁く来ていたと知っていたし、彼が最初の妻の死後、一年間ゲーリッグ家と一緒に暮らしたことさえも知っていた。それに、ベーブが人と群れて酒や煙草を飲む男として知れ渡っていたことも。けれどクリスチャンがそういったことに気づかされたのは、これが初めてだった。

私たちの去り際に、ジミーがある年老いた男性の話をしてくれた。その男性は子供の頃、この住所に住むゲーリッグ家に新聞を配達していたと言ったという。彼は、自分がついたときに玄関で応対してくれるのがルーのママだったらいいな、といつも思っていたが、それは彼女がチップを弾む人だったからだそうだ。チップをくれず、浪費家という評判も一切なかったルーとは違って。私は笑いながら、息子みたいに自分のお金で買った物を全部返品してしまう子は見たことがない、と言った。クリスチャンはお金を使ったことを後悔するのだ。「きっと古い癖はなかなか無くならないんでしょう」と、ジミーが冗談まじりに言った。「そういえば、この家はルー・ゲーリッグがした数少ない大きな買い物のひとつなんですよ。彼が所有した家はこの一軒だけです」

ロサンゼルスに帰るために空港に向かう前、私たちはニューヨーク州ヴァルハラに立ち寄った。ルー・ゲーリッグと両親の遺骨が埋葬されている場所だ。クリスチャンはルーの墓に花を手向けたとき、真剣な雰囲気だった。ときどき彼をルー・ゲーリッグのことでからかうシャーロットさえも、弟の手を握って墓碑に刻まれた名前を読んで聞かせ、この瞬間の意義に敬意を払った。クリスティーナとヘンリー・ゲーリッグの永眠の地は、妻エレノアのそれからほんの数フィートしか離れていない。彼らの波乱に満ちた関係を考えると、これも皮肉な話に思えた。クリスチャンは過去三年間、自分の存在すべてだった男にさようならと言い、最後の別れを告げた。それは私たち三人皆にとって、とても特別で、忘れられない瞬間となった。

帰宅してまもなく、クリスチャンの野球仲間が、ＡＬＳアイス・バケツ・チャレンジ［訳註：ＡＬＳの啓蒙活動で、バケツに入った氷水を頭からかぶる］に参加するよう挑んできた。二〇一四年の七月と八月、アメリカ全土で大流行した運動だ。シャーロットは、氷水の入った大きなバケツを、弟の頭にひっくり返せるチャンスに喜々とした。そしてＡＬＳがルー・ゲーリッグの命を奪ったということを、もうちゃんとわかっていたクリスチャンは、最後の一滴まで愛おしんだ。あの日に墓地を訪ねて以降、クリスチャンがルー・ゲーリッグとしての人生を語ることは劇的に減った。もともとニューヨークへの旅は、クリスチャンの過去生記憶を再燃させるための遠征旅行だった。しかし結果的には、四か月前のタッカー博士の訪問以降、私がずっと待ち望んでいた終結をもたらしたのだ――それはクリスチャンのための終結であり、家族全員のための終結だった。

第20章　家宝

「だってほら、ここのところあまりに変なことが起こっていますから、アリスも思いはじめたのです。本当に不可能なことなんて、じつはほとんどないって」
『不思議の国のアリス』（角川書店、他）ルイス・キャロル著

二〇一四年秋、クリスチャンの過去生回想は、近所の子たちとの少年サッカー《AYSO》や自転車乗りといった、普通の六歳児らしい活動の影に潜んでいっているようだった。大変喜ばしいことに、彼は就寝前にルー・ゲーリッグとしての人生を語ることに、急に興味がなくなったのだ。その代わり、〝Froggy Plays T-Ball（カエルくん、Tボールをする）〟（未邦訳）や『ケイシー打席に立つ』（『ベースボールの詩学』講談社刊に収録）などの本を、読み聞かせてと頼んできた。思うに彼の消えゆく過去生記憶にとどめを刺したのは、自分はルー・ゲーリッグだと言って、近所の子たちにからかわれたことだ。クリスチャンが泣きじゃくりながら玄関から入ってくる音がしたとき、

私は慌てて仕事部屋から出て、ケガでもしたのか確認しにいった。見ると彼は床に崩れおち、両手で頭を抱え、閉めたドアを背にもたれかかっていた。何があったのかと聞く私に、彼はしゃくりあげながら言った。「ぼくがルー・ゲーリッグだったたって、誰も信じてくれないんだ」

自分より五つか六つ年上の子も混ざる遊び仲間に、ごく内輪の秘密を話してしまったのだ。それに気づいたとき、私は落ちこんだ。彼には過去生記憶について話すのを恥ずかしいとは絶対に感じてもらいたくなかった。しかしもし、彼が自分はルー・ゲーリッグだったと公に宣言することを私が想像していれば、他の人はわかってくれないかもしれないよと、おそらく注意しておいただろう。幻滅しきっている息子を見るのは胸が痛んだが、この一件はクリスチャンを過去から現在へ前進させることで、その役目を果たした。ついに彼はクリスチャン・ハープトでいる準備ができたのだ。

私のほうも、過去生退行で浮上していたクリスティーナ・ゲーリッグとの個人的つながりについては、探究しおえたと思っていた。ところがイエルンに三たび会いに行き、うっかりまたウサギ穴に滑り落ちてしまったのだ。以前私があるワークショップに招待したお返しに、彼は過去生退行を特別サービスする、と言ってくれていたのだ。そして二〇一四年十一月、私は彼の寛大な申し出を受けることにしたのだった。

イエルンのいつものやり方で、私は促されたわけでもないのに、結局またクリスティーナ・

ゲーリッグの人生に舞い戻った。その場面はすぐにははっきりと見えなかったが、私の周りにある物について質問されるにつれ、画像が具体的になっていった。最初に見えたのは小さな犬で、私はそれを「男の子犬」と言った。そして、犬は「低い背もたれ」の「硬い長椅子」の上で、私の横に座っていると言い、私の足の下にあるのは「織物の絨毯」と説明した。イエルンに私の外見を聞かれると、白い肌と青い目の女性で、「大きめ」の体格で、丸顔で眼鏡をかけている、と言った。「私は編みものか何かしているところで……手がちょっと疲れて痛みます。少し年老いているんだと思います。手は関節炎だと思います」と言いながら、両手に痛みがうずくのを感じた。

「あなたは何を着ていますか」と、イエルンが聞いた。

私は目を閉じたまま、自分の体をざっと見おろした。「大きなワンピース、ほとんどローブみたいで……室内履き、スリッパとは違うんですけど、つま先の覆われた履き物」。自分の周りにある何かに意識を向けるよう指示されるたびに、その詳細が頭の中で生き生きと現れた。帽子をかぶっているかと聞かれると、私は、「いいえ、でも髪は上げてます。頭の後ろで、おだんごみたいに。髪の色はグレーです」と答えた。

イエルンにどんな気持ちか聞かれると、「少し悲しみが」と沈んだ気持ちで言った。

彼はすぐにもっと明るい話題に変えた。

「天気はどうですか」

「外はなんだか冷えています。私の左側に窓があります。肌寒い。全部が少し凍っているみたいです」

「その場所は暖められていますか」とイエルンは質問し、その件を掘り下げた。私は、部屋の隅に暖房ストーブがあって、木のコーヒーテーブルもあって、その上には新聞が置かれていて、長椅子のそばには背の高いランプがあると言った。

壁はどう見えるかと聞かれると、私は、「しっくいの壁みたいです。床は木製で、なんだか基礎を高くしているようです。地面に接していなくて、少し高めです」と言った。

今思い出すと、左側の窓から外を眺めたとき、大きめの前庭があって、そこを砂利の私道が通って家の右側につながっていて、そこに車が何台か停まっているのが見えた。私はイエルンに、家には他にも住んでいる人がいると言った。

「同じ部屋にいるのですか」

私はキッチンで料理をしている女性がいると言い、ほほ笑みながら、「私の友人です」と言った。するとイエルンがどんなにおいがするかと聞き、私は、「パン。そこの家族が昼食に帰ってくるんだと思います」と言った。パンがオーブンで焼けていた香りは、まるで本当にその場にいたかのように今も思い出せる。イエルンが、私はその家族と一緒に住んでいるのかと聞いた。

「ええ、その家族と」

イエルンが優しく質問した。「あなたはどうですか。家族はいますか」

「いいえ、私には犬がいます」と、私は笑って答えた。

この瞬間はっきりわかったが、この女性は、イエルンと私がそれ以前の過去生退行で会っていた、あのユーモアのある女性と同一人物だった。

「どんなふうに時間を過ごすことが多いですか」と、イエルンが聞いた。

「読みものや編みもの、ときどきクロスワードパズルもします」

家の外で何か活動をするかと聞かれると、私はときどき車の運転をする、と言った。自分の車を、「灰色っぽい黒で、あまりつやつやしていなくて……後部の先端が大きくて……フォードかクライスラーのようなの」と説明した。家の外見についての質問には、「壁板がついています。白くて、羽目板のような」と答えた。何階建てかと聞かれると、「一階」と最初は言ったが、すぐに気が変わって、「いいえ、待って。階段があります。でも私は上には行かないんです。子供たちが上にいるのかもしれない。階段も木です」と言った。

それからイエルンが、「その子供たちは何歳ですか」と聞いた。

私は自分の顔に温かな笑みがこぼれるのを感じながら、「男の子がふたり、十一歳と十二歳くらい。それと小さい女の子。男の子は十歳と十二歳かもしれない。愛らしい子たちです。私、家族に囲まれているのが好きです……。彼らは親切で、私を迎え入れてくれました。私はなんというか、お金を使い果たしてしまって。少しは残ってますけど、家を持てるほどはないんです。以前はここに私の家がありました」と答えた。そして、同居している家族は自分よりずっと若いけど、共通点としてドイツ出身で野球好き、とイエルンに言った。

ここで会話の方向が、クリスティーナ・ゲーリッグの野球に対する情熱へと変わった。「野球ですか」と、イエルンが言った。

「男の子たちはリトルリーグに入っていると思います。私は近くまで観戦に行くんです」と答え、「差し入れを持っていくのが好きなんです、クッキーをね」と言うときは、陽気と言っていいくらいの声になった。どんなクッキーかとイエルンに聞かれると、私は誇らしげに「私の手づくりよ。チョコチップに、オートミール」と言った。

イエルンは言った。「男の子たち、喜ぶでしょうね」

私はそのとおりとうなずき、含み笑いをしながら言った。「ええ、今ではそれをあてにしてるんですよ。だから私も手ぶらでは行けません。私が現れると、走ってきて私の車の周りに集まることもあるんですから」

イエルンが真面目な声で、あなた自身の家族はいるのかと再び聞くと、私は一気に憂うつな気分になった。そして息子と夫の両方ともが亡くなってしまった、と説明しながら、深い絶望感に包まれた。

「死別にはどう向きあっているのですか」

「みんなまだ彼を愛していますし、毎日そう言ってくれます。彼を、私の息子のことを思ってくれているんです。夫は息子が死んだ後、人生を諦めてしまったようなものです」

私には他にも子供がいるのか、というイエルンの質問に、私は「彼に妻がいました。でも、彼女はちょっと変わってました」と答えた。口から出てきた言葉はかなり優しめだが、私の論理的思考は、クリスティーナ・ゲーリッグはあの女の人には耐えられなかった、と言っていた。

イエルンが私自身に兄弟か姉妹はいるのかと聞くと、私は、母の死後に父が再婚して子供がふたりできたけど、ドイツに住んでいると言った。

「多くの死を経験したんですね」と、イエルンが言った。

「ええ、私につきあってくれる動物たちがいます」と、元気を出して冗談まじりに言うと、暗い気分が取り除かれた。

「犬以外にも？」

「鳥が二羽いました。今は一羽です」

私はその鳥を、長椅子のそばの大きな鉄の鳥かごで飼っていると伝え、「夜、鳥が眠るときには覆いをかけます。その鳥はもう長いこと飼ってます」と言った。そして、ときどき鳥かごに手を突っこんで、かごの外に出してあげると説明した。

ちょうど会話が明るくなりかけたとき、夫と息子の埋葬されている場所をイエルンが聞いた。私は、埋葬地はニューヨーク州の私たちが以前住んでいた近くなので、墓参りにはかなりの距離を運転しないといけないと言った。ここで私の論理的思考が、すでに知っていることをしゃべっているだけじゃないのかと、声には出さずに疑問を呈しだした。なにせ四か月前にニューヨークで、ルー・ゲーリッグの墓に行ったばかりだったのだ。

「お墓には自分ひとりで行くんですか」

「ええ、そうです。前に自分だけで行ったことがあります――花を持って。お墓には、息子のお墓には、いつも人がたくさんいます。ちょっとした物を供えていってくれるんですよ」

私の疑り深い思考がすっかり姿を消したのは、安らかな感覚で体が満たされて、「まだ彼につながっていると感じます。彼が私を見守っているような気がするんです」と言ったときだった。それからイエルンが、息子さんの遺品はどこかにとってあるかと聞いた。私は、「木の棚のような物があって、それにいくつかしまっています。いくつか……古いユニフォーム、宝飾品」と言った。

息子さんはお金をたくさん遺したかと聞かれると、「ええ。でも彼の妻が持っていきました。

彼女はハリウッド好きです。リッチな暮らしをしています」と答えた。

「彼女はどこにいるんですか」

「ハリウッドにいるかも」と私は答えた。その乾いた笑い声に、イエルンは私が冗談を言っていると気づいた。その後、私は彼の質問にもっと真面目な口調で、「知りません。もしかしたらニューヨーク市かもしれない。私は彼女のことが大好きってわけでもないの」と答えた。そして、私がどう生計を立てているのかと聞かれると、「政府からお金がもらえるんです。少しね。持っていた物は全部売りました。手元にはあまり残っていません。家も売りました。そのお金は長くはもたなかったんです」と言った。

　イエルンはまた話題を変えて、同居している家族について聞いた。私はキッチンにいる女性について愛おしそうに、「私は彼女にとって母親みたいな存在なんですけどね。あっちのほうが若いから。何というか気を遣ってくれます」と言った。彼女の外見を聞かれると、「きれいな人です。わりと太めなほうです、私みたいに。よく料理をして、私みたいにロングスカートのような服装をしています」と答えた。彼女の髪の毛について聞かれると、「茶色い巻き毛のような。顔にかからない感じですけど、上げてはいません――ヘアバンドのような物をつけているんです」と言い、「外に働きに出てはいません。彼女の夫が働いています」とつけ加えた。子供たちの年齢を再度聞かれると、「男の子たちは十歳と十一歳くらい。女の子はたぶん七歳で……。短くて濃い色の髪です」と答えた。そして、「私の英語も今じゃかなり上達してます。クロスワードパズルも役に立つし、《ニューヨーク・タイムズ》紙もまだ取ってるんですよ」と言うと誇りを感じ、とても嬉しそうに聞こえた。

「どの部分を読むのが好きですか」

「スポーツ欄。まだ欠かさず見てるんです。それと地域欄――娯楽とかそういうのを」。私は息子の〝ルーイ〟がたくさん教えてくれた、と言った。

「息子さんの最期は看取りましたか」

「自分がその部屋にいたことは覚えています。でもそれが彼の死ぬ瞬間だったかは、思い出せません。彼が意識不明のようになっている姿を見たのは思い出せます」。彼が逝ってしまう前に会えたかと聞かれると、私は、「少しだけ。彼女がほとんど会わせてくれなかったんです。彼女は私たちの面会を、自分の思いどおりにしたがってました」と答えた。そして懐かしそうに、「彼は良い息子でした。良い人でした」と、昔をふり返った。ルーの妻が私と息子との間に割りこんだのかと聞かれると、「ええ。彼女が主導権を握ったんです。彼はそれにはまったようなものです。彼女をボスにしてしまった」と言った。そして、それが親子の関係を変えてしまって悲しい、という気持ちを表して、「彼女は少し私に嫉妬していたんです。だから、彼を切り離したかったというか」とつけ加えた。

何か息子さんの形見を持っているかと聞かれると、私は明るくなり、「本当に少しですけど。あのユニフォーム一着に、あの日本の硬貨。それから私に買ってくれた宝飾品だけ、ブレスレットとネックレスのような物」と言った。

「ネックレス？」と、イエルンが聞いた。

「翡翠のついたペンダントです。私にはたいして身寄りもないし、どこにやればいいのか――どうすればいいのかわからなくて。誰にあげたものかと」

「それについて考えているんですか」

「ええ、私が死んだときのことを」

彼はさらに掘り下げて聞いた。「誰にあげるかについて、どう決断しますか」

ためらいもせず、私は答えた。「きっと、この家の女の子にならあげられます。あの子の母親にあげて、ちゃんと持っておいてもらわないと」

イエルンは、この場面を去って次に重要な日に行くよう指示した。私は、自分を幼い二児の母親だと説明し、全員が盛装していると言った。

「特別な日なんですか」

「ええ。日曜日のような、教会に行く日です……。洗礼の日のような気がします」

女の赤ちゃんは白いドレスを着ていて、私たちは舗装されていない埃っぽい道を歩いている、と私は言った。歩いて教会に向かっていたのだ。

「教会は大きですか、小さいですか」

「小さいです。一室しかなくて、白くて派手じゃなくて、ルーテル教会です。人は多くありません――ここにはドイツ人がたくさんいます。私たちはいつも教会に行くわけではないけれど、今日は赤ちゃんのためです。娘が洗礼を受けるんです」

　イエルンが他にも誰か一緒にいるのかと聞くと、私は、「ええ。ヘンリーと彼のお母さん……またはお姉さん、だと思います。もしかしたら訪問してきているのかも、洗礼のためだけに」と言い、男の子の名前はルーだと告げた。

「彼はもう洗礼を受けたのですか」

「ええ。まだ赤ちゃんのときにしました。今は二歳です。ゆったりした半ズボン《ニッカーボッカーズ》を穿いています。でも体は大きいです。大きな子なんです。見た目は四歳くらい。手が大きくて、足も大きくて、頭も大きい。ぽっちゃりじゃなくて、とにかく大きいんです。彼は赤ちゃんに優しいんですよ。赤ちゃんを自分の腿に乗せて抱っこするのが好きなんです」

「では、教会にはどうやって来たのですか」

「私は歩いたと思いますけど、子供たちは少しだけ馬車に乗りました。楽しかったです。あの子たちが馬車に乗れて」

「あなたは乗らなかった？」

「ええ。お金がかかるんです」

「では、お金のことは慎重にならないといけないんですね？」

「ええ」

この過去生退行セッションの最後の場面で、私は自分の老いて疲れた体が病院のベッドで横たわっている、と説明した。ちょうどイエルンとの最初の退行で見たのと同じだ。

「ベッドで横たわっているあなたは、どう見えますか」

「ただちょっと年をとっていて、疲れていて、以前より少し細いです」

そして笑いながら、「痩せてはいませんけどね」とつけ加え、皮肉まじりのユーモアを見せた。

イエルンは、さっき話に出た宝飾品のことを気にして聞いた。「宝飾品はどうなりましたか」

「彼らにあげたと思います」

「どんな宝飾品でしたか」

頭の中で完璧にその品が見えて、私はそれをイエルンに説明した。「ゴールドのネックレスで、翡翠のペンダントがついてます。それとブレスレット。チャーム・ブレスレットのような。それと時計」

宝飾品はどうやって手に入れたのかと聞かれると、私は感傷的に言った。「ルーからです。あの子はいつも私に物を持ってきたんです」

私の声に愛を感じとって、イエルンは言った。「優しい子だったんですね？」

私はため息をついた。「ええ」

イエルンはセッションの最後に、この人生の教訓について考えてみてください、と言った。

私は一瞬考えて、言った。「死別を受けいれることを学ぶ」

「それについてはどうでしたか」

「かなりうまくやったと思います。気は抜きませんでしたよ、ボールから目を離さないみたいにね」。私は笑い声をあげ、ママ・ゲーリッグの茶目っ気のあるユーモア感覚をまた見せた。

「元気を補充しつづけて前に進んだというか。恨みがましくはなりませんでした」

「恨みがましくはならなかった？」

「ええ。周りにいつも子供たちがいて、それに助けられたと思います」

「子供たちも、あなたがいなくなってきっと寂しがりますね？」

私はうなずいて、「ええ。私は少し重荷だったかもしれないけれど、一緒に楽しみました」とつけ加えた。

トランス状態からゆっくりと呼び戻され、目をあけてイエルンの笑顔を見るとホッとした。

まるでクリスティーナ・ゲーリッグの人生への旅が、完了したような気がした。彼とさよならのハグをした後、私は子供のお迎えの時間まで充分な余裕を残して帰宅した。そして走るようにして仕事部屋に行き、アメリカ野球殿堂で見つけていたルーとソフィ・ゲーリッグの写真を取り出した。新たな目でその写真を見つめるうちに、感情の波が押し寄せてきた。全員白い服装で、日曜日のために特別に着飾っているように見えた。今やこの写真の背後にあった物語がわかり、クリスティーナ・ゲーリッグの子供たちへの愛についても、より深く理解できたのだ。

今回の過去生退行は前回までと違い、出てきた情報が調べて立証できるようなものではなかった。ただし、催眠下で鮮明に見えていた家族を見つける可能性なら、わずかにあった――もちろん彼らがたしかに存在していて、まだ生きているならばの話だ。ルー・ゲーリッグの母親は、ちょうど六十年前の一九五四年に亡くなっているので、催眠下の私が言っていた子供たちは、このとき七十歳代のはずだった。だとすれば、その両親はきっと九十歳代だ。催眠下ではっきり見えたその三人の子供たちを見つけ出そうと、今度はそのことが私の頭から離れなくなった。とはいえ現実にそんな家族が存在するのかわからなかったし、そのうえ家族の名字を探る手がかりもなかった。イエルンはセッション中にそんな質問はしなかったのだ。

子供たちを迎えにいって帰宅した後、私は調査を開始した。アメリカ野球殿堂図書館でコピーしていた書類をふるいにかけていくと、一九五四年のクリスティーナ・ゲーリッグの死から、二週間後の日付が記された手紙を見つけた。野球殿堂の従業員が書いたもので、宛て先はジョージ・スティグラーという、ゲーリッグ夫人の友人らしき男性だった。

親愛なる、スティグラー様へ
ご依頼の写真とそのネガを、本日郵送いたします。
ぜひご家族やご友人とお楽しみください。

アメリカ野球殿堂がわざわざクリスティーナ・ゲーリッグの写真を送るくらいなら、スティグラー家はきっと、彼女の人生にとって重要な人物のはずだった。インターネットで調べると、ジョージ・K・スティグラーの妻、ローレル・スティグラーの新聞お悔やみ欄が見つかり、ほんの五か月前に九十五歳で亡くなっていたとわかった。お悔やみ欄には遺族の名前が載っていた。娘のジル――コネティカット州の不動産業者と、息子のケニス――ノースカロライナ州の牧師だ。もしかしてこのふたりが、私が退行中に見た七歳の少女と十歳の少年だろうか。そう思いつつも、お悔やみ欄には二人の子供しか載っておらず、私は家には子供が三人いるという、自分の発言をどうしたものかと考えた。

私自身も不動産屋であり、自分たちの牧師にクリスチャンの過去生記憶について話したときの恐ろしい経験を考慮して、ジルに電話をかけることにした。彼女が一回目の発信音で出ると、私はルー・ゲーリッグとその家族について、調べものをしていると説明した。ジルはすぐに、子供の頃たしかに、ルー・ゲーリッグの母親と同居していたと認めた。あいにくクリスティーナ・ゲーリッグについて具体的なことは思い出せなかったものの、優しくて冷静な女性だったことは覚えていた。

ジルが話す間、私は退行中に見た短くて茶色い髪の少女を思い浮かべた。彼女は、兄のケンは自分より三歳上なので、ママ・ゲーリッグと暮らしたときのことを、もっと細かく覚えているかもしれないと言った。ジルが兄を三歳上と言ったとき、私は息がむせかけた。イエルンに伝えた七歳の少女と十歳の少年という年齢に、ぴったり符合するのだ。会話が終わりに近づくにつれ、私はクリスティーナの持っていた日本のチャーム・ブレスレットと、翡翠のネックレスを譲り受けたかどうか聞きたくてしかたなかった。でも彼女を怖がらせて永遠に逃げられてしまってはという恐怖から、その衝動をこらえた。その質問は、初めての電話で聞くには個人的すぎたのだ。しかし、いつかそのときがくることはわかっていた。勇気を奮い起こして、ルー・ゲーリッグの母親が一番大切にしていた持ち物について聞くときが。

第21章　天の使い

「科学は自然の究極の神秘を解明できません。なぜなら突きつめると、私たち自身が、解明しようとしている神秘の一部だからです」

マックス・プランク（ドイツの物理学者。量子論の父とも呼ばれる）

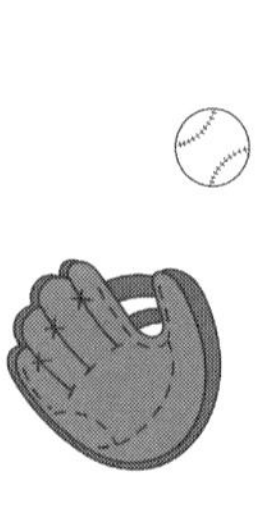

二か月が過ぎ、ようやく師ケニス・スティグラーを見つけ出す勇気が固まった。一九五〇年代初めにクリスティーナ・ゲーリッグと同居したときの記憶が、彼にあるのか探り出したくてたまらなかったいっぽうで、彼がこちらの話にどう反応するだろうかと思うと、怖くて動けなかったのだ。彼の連絡先は、師ケニスの妹に尋ねるよりも、インターネットで突きとめることにした。〝師ケニス・スティグラー〟と検索すると、《今日のキリスト教《クリスチャニティ・トゥデイ》》誌の、「魔女へのグッドニュース」という題名の記事に行きあたった。彼がマサチューセッツ州セーレムで、ウェスレー合同メソジスト教会の主任牧師としておこなった、魔女への奉仕活動を詳述したものだ。

記事によると、師ケニスとその二百六十五名の信徒は、観光客やパーティ好き、魔法好き、それにハロウィーンを神聖な日と見なす本気の魔女たちで街が溢れかえる他でもない十月に、あえて両手をひろげて魔女を歓迎したという。〔訳註：一六九二年にこの地で魔女裁判がおこなわれた。それを後押ししたのは牧師とされる〕。そこには師スティグラーの言葉が、こう引用されていた。「『こんな護符《アミュレット》とか色々と身につけていても、自分を歓迎し、愛してくれる教会があった』と思いながらセーレムから去っていく人がもし十人いるなら、私たちがこれをする価値はあるのです」。また師ケニスの経歴も見つかり、それによると、彼は二十代初めのまだ神学生だった頃に、マーチン・ルーサー・キング・ジュニアと活動したことがあった。そして目下のところ、イスラエルのヘブライ大学で聖書神学の博士号の研究に取り組んでいて、そこに何度もツアーを案内していた。これを読むと、彼があらゆることを見てきた人のように思えて、私たちの話にそんなにはショックを受けないだろうという希望を持てた。

私の探偵計画における次の行動は、セーレムのウェスレー合同メソジスト教会の、ホームページをチェックすることだった。金塊を掘り当てたのは、師ケニスの魔女への奉仕活動に関する短編映画〝Praying for Salem（セーレムのために祈っている）〟の予告映像を見つけたときだ。彼が語るのを動画で見た後、私はこの聖職者はとても愛情深い人で、心から献身的に他者に奉仕していると直観した。そこで教会に電話をかけたところ留守電だったので、『セーレムのために祈っている』の問いあわせ先として載っていた、ディミトリスという男性に連絡をした。私がディミトリスに、師ケニスの電話番号を知りたくて電話をしたと伝えると、彼は感極まるように言った。「ケン牧師はこの惑星で最も素晴らしい人です。もし彼がいなかったら、私は今日この電話に出ることもなかったでしょう！」

ディミトリスは話を続け、自分が十二年前に人生で困難な時期を過ごしていたとき、いかにケン牧師の言葉によって慰められ、生きる意欲を与えられたかを説明した。彼は当時、息子を亡くして自殺を考えていたという。ディミトリスによると、ケンは十六年間主任牧師を務めたセーレムの教会でまだ名誉牧師ではあるものの、今は妻のマリリンとノースカロライナ州に住んでいる、ということだった。ディミトリスは親愛なる友を、信徒に愛され尊敬され、決して笑顔の絶えない人、と説明した。評判が悪かった点は、自分を必要とする人がいれば昼夜問わず、いつでも携帯電話に出て応じることだという。ディミトリスは快くケン牧師の携帯番号を教えてくれ、「私が天国で神に会ったら、ケン牧師にそっくりであることを願っています」と言って、電話を切った。

ディミトリスの予告どおり、師ケンは最初の発信音で電話に出た。はなから彼を怖がらせて遠ざけたくはなかったので、私は少しずつ会話に入り、執筆中の本のため、クリスティーナ・ゲーリッグの人生について調べていると切り出した。電話をした本当の理由を伝えたかったのはもちろんだ。でも牧師に向かって、うちの息子が自分を過去生でルー・ゲーリッグだったと思っていて、つきましてはそちらのご家族が、ルー・ゲーリッグの母親から宝飾品を相続していないでしょうかなんて、そう簡単に口から出てくるものじゃないのだ。話を始めると、彼は彼女を〝ママ・ゲーリッグ〟と呼び、彼女についてのおしゃべりがお気に入りの暇つぶしだとすぐにわかった。自分にとって〝おばあちゃんみたい〟だった、というこの女性について彼が熱く語るうちに、私はその素晴らしい記憶の数々にすっかり呑まれてしまった。彼がすらすらとこと細かに語る内容は、私がトランス中に見て説明した事柄と、衝撃的なほど一致していたのだ。それはまるで、過去生退行の場面をそのまま説明しているかのようだった。

ケン牧師は上機嫌で、子供の頃にママ・ゲーリッグの大きくて黒い車に乗って、ヤンキースタジアムに連れていってもらった思い出話をした――いわく、戦車さながらの運転さばきだったらしい。彼の推測では、車はその当時で二十年ものに近かったという。関係者専用の裏口からスタジアムに入り、彼女に気づいたファンたちが、「ママ・ゲーリッグが来た！」と大声をあげたときは、畏れかしこまったと、ケンは嬉しそうに思い起こした。私は催眠下で見て言ったことが歴史的に正しいかを探ろうという腹の内で、子供の頃にリトルリーグで野球をしていたかケン牧師に尋ねた。すると彼は笑い声をあげて言った。「しましたよ！　チーム一の選手というには程遠かったですけれど、ママ・ゲーリッグがいつも観客席で私を応援してくれました」

数秒後、彼がママ・ゲーリッグの飼っていたポリーという鳥について話しだすと、私は笑いがとまらなくなった。ママ・ゲーリッグは彼の家に引っ越してくる前、そこからそんなに遠くない場所に自分の家を持っていて、彼は毎週そこへ自転車で行って芝刈りをしていたという。ある日、自分が来たことを知らせるためにドアをノックすると、「すぐに行くわ！」と、ママ・ゲーリッグそっくりの声がした。彼女がドアをあけてくれるのを待って何分か経ったとき、彼はそれがポリーの仕業だと気づいた。ポリーは聞こえた会話をその人そっくりの声でくり返すのが大得意だったので、ママ・ゲーリッグは夜になるとかならず、ポリーを寝かせるために鳥かごに覆いをしないといけなかったという。

鳥かごの覆いは、ルーがヤンキースでプレーしていた頃はとくに重要で、ケン牧師はそのいきさつを聞いていたことを思い出した。ゲーリッグ家にはよくルーのチームメイトが訪れていて、ポリーは彼らの下品な言葉を覚えるのが大得意だったのだ。私はケンに、その鳥は彼の家でも飼われていたかと聞いた。すると彼は、ママ・ゲーリッグはポリーの鳥かごを、リビングのドラム缶テーブルの上に置いていた、と言った。

「ママ・ゲーリッグだけですよ。鳥かごに手を突っこむ勇気があったのは。だってポリーはよく咬みつきましたから」

彼の幼少期のリビングで、かごに入った鳥を過去生退行で見たことについて、私はケンに話したくてたまらなかった。でもまだ、それにふさわしいタイミングではない気がした。それには私たちふたりとも、ママ・ゲーリッグの思い出に楽しく浸りすぎていたのだ。

それから彼は、ママ・ゲーリッグが飼っていた、モンキーという名前のダックスフントの話をした。それも彼の家で同居していたという。ケンの回想によると、ママ・ゲーリッグは温かで愛情深い女性だったが、あいにく犬のモンキーはそれほど友好的ではなく、彼女に近づこうとする人には誰でもうなったという。

「もしかすると、それがママ・ゲーリッグがいかめしいと、世間の人から思われた理由かもしれません。でも私は、彼女がいかめしかった記憶はまったくありません」。ケンは、ママ・ゲーリッグは英語が上手だったが、自分の老いたダックスフントに話しかけるときはドイツ語を使っていたと思い出した。そして、彼女が犬に餌をあげるときに言っていた、「エッセン・ズィー」や、犬を呼ぶときに言っていた、「マッヘン・ジー・シュネル」をまねして言いながら、子供のように元気よく笑った。

彼の母親のローレルにとっては、三十六歳上のママ・ゲーリッグは母親のような存在だった、とケン牧師が言ったときは、まるで私の過去生退行の書き起こしを読みあげているかのようだった。ケンが言うには、ふたりの女性はニューヨーク市で近所友だちだった頃、ともにドイツ系だからという理由で店員から差別され、その経験をとおして深い絆ができたという。

ケンの記憶では、ママ・ゲーリッグは人生の最後の二年か三年間を、彼の家族と一緒に暮らしていた。私はケンと妹さんはその当時何歳だったかと尋ねた。「彼女がわが家に引っ越してきたとき、私は十歳のはずです。ですから、妹はその当時、七歳でしょう」と、ケンは答えた。私が催眠下で伝えたとおりの年齢だ。子供についてこれほど正確な詳細が、それこそ年齢に至るまでぴったりの情報が、いったいどうして過去生退行中の私から出てくるだろうか？　私が幼少期の妹さんはどんな髪をしていたかと聞いたとき、たぶんケンは少し変に思っただろう。けれど妹は短い茶色い髪だったと、私が退行中に見て説明していたとおりのことを彼が言ったとき、私はこれのほうがよほど変だと思った。

私がケンに、ママ・ゲーリッグが編みものやクロスワードパズルをしたり、《ニューヨーク・タイムズ》紙を読んでいたりした記憶はあるかと聞くと、答えはすべてイエスだった。彼は小話を紹介し、彼女の趣味だったかぎ針編みについてさらに教えてくれた。ママ・ゲーリッグの私物が入った箱を、友だちと屋根裏で見つけたときのこと、中から彼女お手製の、砲丸が二個収まりそうな特大かぎ編みブラジャーが出てきて、大笑いしたそうだ。電話を始めて一時間以上経っていることに気づいたケンと私は、今日はこのへんにしておこうということにし、翌週また話す予定を立てた。

彼女に好奇心を抱いたそもそもの理由を告白しないまま再び会話をするなんて、私には無理だった。師ケンにとって、クリスティーナ・ゲーリッグはおばあちゃんのような存在なのだ。ママ・ゲーリッグについて、彼から色とりどりの話を聞くのを楽しんでいたとはいえ、そろそろ私の本来の意図を明かし、芽生えつつあった友情を永遠に失う危険を冒すときがきていた。師ケンは過去生退行のことを知らないのに、すでにその多くの詳細の正しさを裏づけていた。しかし私は、彼に真実を知ってもらう必要があったのだ。さらに会話を続けるか、奇人変人《ナッツとフルーツ》の地、カリフォルニアのイカレ女からとっとと逃げるか、彼が意識的に決められるように。

それから約束の電話まで五日間、私はクリスチャンの過去生記憶と私自身の過去生退行について、師ケンにどう打ち明ければいいのか悩みに悩んだ。けれどもその時間になったとき、入念に計画したことが吹っ飛んでしまったのだ。師ケンの温かいあいさつが電話の向こうから聞こえたとたん、口から言葉がほとばしった。「先週お話したとき、ルーとクリスティーナ・ゲーリッグについて本を執筆中だと言いましたけど、なぜこんなにふたりの物語を伝えたいのかは、怖くて言えなかったんです。驚かれるかもしれないんですが……」

私が彼に行きつくまでの一連の出来事をまくし立てるのを、師ケンはじっと聞いていた――クリスチャンの語った過去生記憶、ベーブ・ルースに対する彼の軽蔑感、そしてタッカー博士との出会い、博士の思わぬひと言から行きついたイエルンとの過去生退行、そしてルーの幼少期の家への訪問。まるで私の魂を救う霊薬のように、言葉が口からよどみなく出てきた。これは一世一代の懺悔で、そして電話の向こうのこの聖者は、どういうわけか私の救済に欠かせない存在となっていたのだ。

私は、そもそも輪廻転生という概念まで受けいれてしまったことで、〝イエスを裏切る〟ことになる恐怖を言った。過去生退行セッションの前には、イエルンがセージを焚いて〝光の円すい〟をつくっていたこともちゃんと伝えた。それに、自分の牧師からもらったメールにより、息子の体は死んだ人の霊に棲み憑かれているのかと考えたときの苦悩も、ケン牧師に打ち明けた。

その声ににじむ必死さは、明らかに助けを求める叫びに聞こえたに違いない。独白の途中で、私は催眠退行の録音と書き起こしを送ると申し出て、私たちのとても独特な状況に光を投じてほしいという思いを、それとなく伝えた。そしてようやく話をやめて、ひと息ついてから聞いた。「それで、どう思いますか」。彼の返答を待つ間、私は息がとまっていた。

ケン牧師は沈黙を破って言った。「それは興味深いですね！」

「私は信仰により輪廻転生は信じていません。ですが、これが合理的体験からは生じえない、知恵と知識の一例だということはたしかに信じます。これは、神の交信の流れにいるからこそ生じる情報なのです」。そう言って、彼はさらに話を続けた。「この知恵と知識は主《しゅ》によってもたらされています。この情報が別次元から、つまり世俗的な目ではかならずしも見ることのできない次元からやってきたのは、神の思し召しです」

私は安らぎに満たされていき、抱えていた緊張がすべて体から抜けていくのを感じた。師ケンの言葉は、それまでの三年半、私が精神的に抱えていた信条の葛藤をついに手放させてくれたのだ。彼の愛情ある言葉は、私の心に食い入っていた恐怖と罪悪感を解く薬だった。

もともと師ケンに電話をしたときは、彼の記憶と私の退行中に浮上した詳細が、符合するか確認することだけが目的だと思っていた。まさかこの男性が、私がずっと探していた答えになるなんて想像もしていなかった。彼の徳に満ちた言葉は、私に認識させたのだ。過去三年半、私たちが歩んできた旅は神聖であって、恥じるようなことではないということを。私はようやく、〝イエスを裏切った〟自分をゆるせたのだ。もちろん師ケンは輪廻転生論を信じていなかったが、それを立証することが私の求めていたことではなかった。私は心の安らぎを求めていて、それは子供たちが幼稚園にいる真っ昼間に、平凡な電話の中で見つかった。私は師ケンを、まるで本当に天の使いのように感じたのだった。

それからケンは、クリスチャンと私が体験していたことに関しての持論を、さらに詳しく説明した。彼によると、タッカー博士が過去生記憶と呼ぶものを体験する子供の年齢が、二歳から七歳という事実は意外ではないということだった。

「この年齢期の子供たちは、おとなや就学年齢になるとはっきり見えなくなる霊的次元と、最もつながっているのです」。彼の意見では、クリスチャンはルー・ゲーリッグから、そして私はママ・ゲーリッグから情報をチャネリングしていて、それはふたりの魂が関係を完結させることをお互いに求めていたからという。これがケン牧師の説明するように〝チャネリング〟なのか、それともタッカー博士が理論づけたように実際の〝過去生記憶〟なのか、どちらを信じるかを選ぶことが本当に必要とは思えなかった。確実にわかったのは、ルー・ゲーリッグと母クリスティーナは、私たちの人生に美しく深遠なかたちで触れたということだけだ。そして私が師ケンという、新たな友と助言者を見つけたということも。

深い哲学的な話を終えるとすぐに、ケンと私はまた、ママ・ゲーリッグの思い出話に花を咲かせて笑いあった。彼は、彼女のつくる鮮やかな緑色のグリーンピースのスープは、人生で最高に美味しかったと言った。私がクリスチャンの妊娠中に、奇妙にも無性にグリーンピースのスープが飲みたくなったことを話すと、彼はおもしろがっていた。また彼が幼少期に住んでいた家の間取りは、私が催眠下で説明した家と一致していることも確認できた。家はたしかに二階建てで、白い壁板がついていて、砂利の私道があり、窓から前庭が見えるリビングがあったのだ。私が伝えていたように、彼の部屋は二階だった。彼はママ・ゲーリッグがどこで寝ていたかは覚えていなかったが、彼女が新聞やクロスワードパズルを手にリビングの長椅子に座っていたことは、鮮明に記憶していた。

私は最大の質問を最後までとっておき、その件についてこう切り出した。「催眠退行中に、クリスティーナ・ゲーリッグとして一人称で話していたとき、息子のルーにもらった宝飾品をそちらの家族にあげたい、と話したんです」。それから、日本のネックレスとチャーム・ブレスレットを、七歳の娘にあげたいけど、たぶん母親にあげて、娘がそれなりに大きくなるまで持っておいてもらわないといけない、と具体的に言っていたと話した。「それと、時計のことにも触れてました」

ケンは興奮して、たしかにママ・ゲーリッグから、もともとルー・ゲーリッグの物だった男性用の時計を譲り受けたと話した。その時計は、ナチス政権下のドイツからルー・ゲーリッグへの贈り物だったという。彼はママ・ゲーリッグから相続した他の数品――ルーのパスポート、結婚指輪、記念の品――をオークションで売った経緯を説明した。そのお金を使ってニューハンプシャー州で自然豊かな湖畔のコテージを購入し、妻マリリンと毎夏そこで過ごしているということ。ケンはその時計とコテージについて、ママ・ゲーリッグに深い感謝を表した。それと彼が生まれた一九四一年、ルー・ゲーリッグが死んだのと同じ年に、彼女がくれた大学の奨学金についても感謝していた。

ケン牧師がママ・ゲーリッグから一家が相続した愛蔵品の中に、日本の女性用の宝飾品もあったと言ったとき、私はほとんど信じられない思いだった。

「ルーが日本に旅した際に、ママに買って帰ったアクセサリーだと聞いています。今は妹のジルが持っています」

嬉しかった。催眠下で望んでいたとおり、その品々は今ケンの妹が所有していると聞けたのだ。ケン牧師が言うには、その宝飾品は過去六十年間、父親が自宅の下につくったウォークインタイプの金庫に、鍵をかけて保管されていた。というのもそれに保険をかける費用は、一家が支払える金額ではとうていなかったからだ。その宝飾品はだいたいは金庫に置かれたままだったが、まれに自宅でディナーパーティをするような特別な機会には取り出して、彼の母親がつけたという。彼の両親はママ・ゲーリッグから相続した宝飾品の件について、かなり口が堅かったため、このことを知るのは近い親族とわずかな親友だけということだった。催眠下で話していた宝飾品が、実際にスティグラー家に所有されていると聞いたことにより、過去生退行中に出てきた情報は現実に基づいていると決定的に証明されたのだ。

会話を切りあげるとき、私が過去生退行の録音と書き起こしをメールで送ると申し出ると、ケンは親切にも了承してくれた。彼は翌日に異人種間の調和を促進すべく、ウェイクフォレスト地域でスピーチをする予定だったので、私はそのイベントの幸運を祈り、最後にお祈りでこの電話を終われないかと聞いた。彼の祝福の言葉は正確には思い出せないが、電話を切ったときの私は、まるで宙を歩いているかのような気分だった。私たちはそれから何か月も会話を続け、ともにクリスティーナ・ママ・ゲーリッグへの敬愛をベースに、誠実な友情を育んだ。そして毎回かならず、電話の最後はお祈りの言葉だった。

第22章

ママ・ゲーリッグを見つける

「野球に差別の入りこむ余地はない。
野球は国民的娯楽であって、皆のためのゲームだ」
ルー・ゲーリッグ

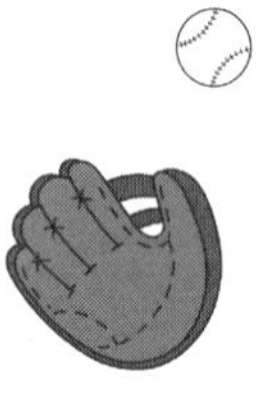

二〇一五年二月、師ケンと知りあってほぼ一年が経った頃、クリスチャンと私はコネティカット州ミルフォードに旅をし、ママ・ゲーリッグがかつてスティグラー家と暮らしていた、懐かしの土地を訪ねた。私たちが東海岸への旅の準備をしている頃、師ケンと妻マリリンもある準備をしていた。一九六五年に彼がマーチン・ルーサー・キング・ジュニアと活動をともにした、あのアラバマ州セルマからモンゴメリまでの行進からこのとき五十周年で、ふたりはその再会の集いに出席しようとしていたのだ。彼との会話から推測するに、あの流血の日曜日の生々しい画像が永遠に脳裏に刻まれているケンにとって、セルマへの旅はかなりの巡礼になり

そうだった。クリスチャンと私がある種自分たちの巡礼の旅に出発する日、ケン牧師がノースカロライナ州の新聞記事を送ってきた。そこにはセルマからモンゴメリへの行進について、彼の回想が綴られていた。

記事は、当時ボストン大学神学部で神学生だった二十三歳のケン・スティグラーが、アフリカ系アメリカ人の投票権を求めて戦うべく、八十名の仲間を集めてバスに乗りこみ、生きるか死ぬかの社会不安のなか南部へ向かった経緯を説明していた。ケンは記者に、クー・クラックス・クランさえも含む公民権運動の反対者らに対して、キング牧師が発した慈悲の言葉をじかに聞いた経験が、日常生活の中でいかに宗教を実践するかにおいて、自分に影響を与えつづけていると語っていた。ケン牧師と交流するうちに知ったが、ウェイクフォレスト合同メソジスト教会と、ローリーのオールネイションズ教会における彼の目下の務めは、ほとんどが異人種間の調和に捧げられていた。そしてそれは、私にとってもずっと身近で大切な理念だった。

深夜間際にコネティカット州ハートフォードの空港に到着すると、私たちは記録的な低気温と、スーツケースの紛失に見舞われた。暖かい服やジャケットを手荷物で持っていないのは少し心配だったが、もっと慌てたのはサメの歯と離ればなれになってしまったことだ。歯の妖精がクリスチャンの枕の下に置いておく用に、私がその紛失したスーツケースに入れて持ってきていたのだ。彼の歯は今にも抜けそうなくらいグラグラで、歯の妖精が彼の歯と交換にサメの歯を置いていく――長年続く家族のなわらし――のを忘れたら、彼は絶対それに気づくはずだった。しかし感動したのは、私たちの荷物がどこにも見つからないと察した手荷物受取所の女性が、寛大にも自分のダウンジャケットをくれたことだった。すると近くに立っていた別の人が彼女の行為に感化され、クリスチャンを暖かい毛布でくるんでくれた。彼は極寒のコネティカット州に、半ズボンで行くと言って私を説き伏せていたのだ。つい最近まで彼が毎日野球ズボンを穿くと言って聞かなかった日々が、このとき初めて恋しくなった。彼は依然として、長ズボンは野球ウェアでないと絶対に穿きたがらなかったが、五歳の誕生日からまもなくして、半ズボンは洋服ダンスに加えていたのだ。その後、今やジャケットなしの女性が私の耳元で、「あなたがどの宗教を信じているかは知りませんが、イエスはあなたを愛しています」と囁いた。そう言って、この地上の天使はにわかに降りだした雪の中へと姿を消した。

アメリカン航空による資金援助のもと、一晩良く眠って買い物をしまくった後、クリスチャンと私は師ケンの幼少期の家を訪ねるべく、車で一時間かけてコネティカット州ミルフォードに向かった。ママ・ゲーリッグが亡くなるまでの数年間を一家と暮らした家だ。目的地につきかけたとき、クリスチャンが大声で、「ねえ、見て。雪だるまの家族だ！」と言った。彼の興奮が伝わってきたので、賑やかな雪の造形物を近くから見られるよう、車を路肩に寄せて停めた。彼が三歳のときに家族でマンモス山にスキー旅行に出かけたことがあるので、私はあのとき雪だるまをつくったのを覚えているかと聞いた。けれど意外にも、彼は雪を体験した記憶がなかった。そして四体の雪だるまとの写真撮影に笑顔を見せながら、「ちょうどうちみたいに四人家族だね。だけど、ルー・ゲーリッグはたった三人家族だったよ」と言った。私は日ごろからクリスチャンには、ルー・ゲーリッグの人生について詳細を教えないよう心掛けていたので、ルー・ゲーリッグがひとりっ子だったことを彼が言い当てたのは驚きだった。クリスチャンは別の人生の事柄は覚えているのに、自分自身の人生の瞬間は思い出せないなんて、私はその皮肉に含み笑いをした。

スティグラー家の旧居は、雪だるま遊びの場所からほんの数軒先だったが、降り積もる雪で道が厚く覆われていたので、車でその短距離を進むことにした。その二階建ての家すべてが、驚くほどに見覚えがあった――催眠下で鮮明に見えていた白い壁板、車を停めると言っていた砂利の私道、リビングの長椅子から外を眺めると言っていた大きな固定窓。心の目で、ママ・ゲーリッグが中で長椅子に座ってクロスワードパズルや編みものをしたり、《ニューヨーク・タイムズ》紙を読んだりするのが見えた――彼女が大好きだったと師ケンが裏づけた行動だ。私個人にとっての歴史的建造物の前庭に立つと、ある種、帰郷のような気がした。家の前に立っている私たちを見た隣人が、家主は週末出かけていて不在だと知らせてくれたので、あえてドアもノックしなかった。

次に立ち寄ったのは、雪に覆われたリトルリーグの野球場だ。過去生退行中の私が、ママ・ゲーリッグが少年たちにクッキーを差し入れに来ていたと言った場所であり、六十年以上前に、彼女が野球をするケン牧師を見守っていた場所だ。雪化粧をした球場のバックネットの奥には、クリスティーナ・〝ママ〟・ゲーリッグを称える銘板があり、一九五四年と記されていた。彼女の亡くなった年だ。コネティカット州への旅に先立って、私はミルフォードの〈ルー・ゲーリッグ・リトルリーグ〉の会長に連絡をとっていた。ママ・ゲーリッグがミルフォードで暮らした一九五〇年代初めに、このリーグで野球をしていた人が今も町にいるか探したくて、力を貸してもらえないか問いあわせたのだ。

会長には、執筆中の本のために、実際にママ・ゲーリッグと会ったことのあるリトルリーグ選手にインタビューをしたいと告げ、「きっと今は七十歳代だと思います」と説明した。リトルリーグ会長はすぐには誰も思いつかなかったものの、キップ・テイラー監督に聞いてみてはと言った。彼はママ・ゲーリッグの歴史について、この小さな海辺の町の生き字引だというのだ。

「キップ監督は、ルーとママ・ゲーリッグの思い出を地元地域に保存すべく、その責任をひとりで担ったんです。何年か前、ル、ル、ル、ルー・ゲーリッグの名をリーグ名称から外さないよう、リーグを説得したときのことです」と、会長は言った。

キップ監督に電話をすると、彼は長年にわたり少年野球の監督をしているだけでなく、〈ルー・ゲーリッグ・リトルリーグ〉の会長を何年か務めた経験もあるとわかった。彼自身に子供がいないということで、ひときわ寛大で親切な行為だ。五十歳のキップは、ママ・ゲーリッグと実際会うには若すぎだったが、この女性への愛と敬意は、その一言一句から輝かんばかりに伝わってきた。私は奇跡的にも、自分と同じくらいママ・ゲーリッグに惚れこんでいる人を見つけたのだ。キップは、ママ・ゲーリッグを称える銘板の碑文が読みにくくなっているので、塗り直す役を最近買って出たばかりだと言った。ルー・ゲーリッグ・リトルリーグ球場で、クリスチャンと私が見た銘板のことだ。そしてコネティカット州への旅の数日前、キップはびっくりするような良い知らせをくれた。ケン・ホーキンスという七十五歳の元リトルリーグ選手が見つかり、本人が私たちに会うことを快諾したというのだ。

キップとは火曜の夕方五時に、ミルフォード公共図書館で会った。そこでまずお互いを知った後、ホーキンス氏を交える予定にしていた。クリスチャンと私が図書館に入っていくと、大きなえくぼの陽気な男性が、こちらまでつられてほほ笑んでしまいそうな笑顔で近づいていた。「やあ、キャシーとクリスチャンかな?」と言って、彼はキップ監督だと自己紹介した。長年の監督と指導により、糊でくっつけたみたいに定着したニックネームだ。

町の中心にある目印のようなこの場所で、静かな場所を求めてやってきている人々を邪魔せずに話せるよう、私たちは上の階に行って奥まった場所を見つけた。クリスチャンがｉＰＡＤで野球ゲームをする間、キップ監督はママ・ゲーリッグに関する新聞切り抜きをたくさん見せてくれた。数年前に、リトルリーグの名称からルー・ゲーリッグを落とさないよう理事会を説得しようとしていたとき、マイクロフィルムから印刷していたものだ。あっというまに一時間近く経った頃、キップの電話が鳴った。すると彼は席を外して、ケン・ホーキンスを迎えに図書館のロビーに行った。

ケン・ホーキンスがキップと室内に入ってくると、私は立ったまま握手をし、そのカリスマ性がありつつも柔らかな喋りと物腰にたちまち心を引かれた。名刺を交換すると、お互い住宅不動産仲介業なのが滑稽だった。ケンは、「私の家族はママ・ゲーリッグとはかなり親しかったんです……」と切り出し、キップ監督と私を驚かせた。

ホーキンス氏の説明によると、ママ・ゲーリッグと彼の父エルズワースはじつに良き友人であり、地元リトルリーグの共同創設者だったのだ。キップ監督と私はそろって口をあんぐりあけて、顔を見合わせた——これはまったくの新情報だった。

この元リトルリーグ・オールスター選手は、リトルリーグ球場の観客席にはいつもママ・ゲーリッグの姿があったと言い、彼女の思い出を語った。

「彼女は亡くなる日まで、一試合も見逃しませんでした。彼女にとっては、球場で過ごす一日に勝る幸せはなかったんです」
ケンは持参したファイルをひらき、私たちに新聞記事を手渡した。そこには彼の父、エルズワース・ホーキンスが、クリスティーナ・ゲーリッグの葬式で棺側付き添い人のひとりとして載っていた。記事にはこう書かれている。

そして、「打席について！」という言葉にそのじつに偉大な熱意が象徴される、この女性の遺志により、多くの友人が葬式に花を送る代わりにリトルリーグに寄付をした。

ケンが切り抜きや写真を取り出すにつれ、キップ監督と私はまるでお菓子屋さんにいる子供みたいになった。クリスチャンさえも私たちの会話に興味をそそられて、ケン・ホーキンスがママ・ゲーリッグについて語る間は、iPADから目を離していた。
記事の中には、一九五二年にリーグ名を〈ルー・ゲーリッグ・リトルリーグ〉と改めたときの式典の写真もあり、そこにはママ・ゲーリッグとケンの父、エルズワース・ホーキンスが写っていた。他には、ママ・ゲーリッグが死去に際してリーグに五百ドル遺贈した、と書かれた新聞の切り抜きもあった。その記事には、ゲーリッグ夫人はリーグ創設から理事会の一員を務め、〝一試合も見逃さなかった〟と書かれていた。中でも私が一番好きだったのは、一九五一年、地区のオールスター決勝戦の九回で、幼いケニー・ホーキンスが満塁の中で打席についたことの記事だ。そこにはツーストライクの後、ケニーがフェンス越えの大ホームランを空高く放って試合に勝った様子が綴られていた。ケン・ホーキンスは、あの日ママ・ゲーリッグが観客席に座っていて、チームに声援を送って勝利に導いた思い出を語った。

師ケンのように、ケン・ホーキンスもまた子供の頃に、ママ・ゲーリッグにニューヨーク・ヤンキースタジアムに招待してもらうという、独特な経験をしていた。

「たぶんゲーリッグ夫人は、メジャーリーグ野球で一番有名なママでしたよ」と、ケンは言った。

試合前、ヤンキースの選手たちは球場に現れた彼女を見ると大興奮し、ベンチ後ろのフェンスを飛び越えて、彼女に浴びせんばかりのハグをしたという。ホーキンス氏いわく、ママ・ゲーリッグは、彼女を知る皆にとってはもちろん、知らない人にとっても〝ママ〟だったそうだ。そして彼は、ママ・ゲーリッグが近くにいるときはお腹が空くことが絶対なかったと思い出した。

「大きなピクニック用バスケットにママお手製のサンドイッチや、他にも美味しい物をいっぱい詰めて、いつも持ってきてくれました」

別れ際、ケン・ホーキンスは私にプレゼントをくれた。新聞の切り抜きや、ルー・ゲーリッグとニューヨーク・ヤンキースとの一九三三年の契約書の写し、それにママ・ゲーリッグが彼のためにサインした、ベーブ・ルースとルー・ゲーリッグの写真がつまったフォルダーだ。私たち三人は、ママ・ゲーリッグがリトルリーグに残した遺産の皮肉をつくづく思った。そもそも彼女は、息子に野球を諦めて大学に行ってエンジニアになってほしい、と願っていたのだから。ケンが言うには、彼女は〈ミルフォード・リトルリーグ〉がルー・ゲーリッグの名を冠して改名したのを祝して、バーモント州のみかげ石でできた銘板を寄贈した。一九五二年六月二十九日、彼女の死の二年前のことだ。その寄贈式は誉れ高い出来事で、MLBコミッショナーのフォード・フリックや、リトルリーグ創始者のカール・ストッツも出席したという。

いよいよ別れを告げるとき、私はケンをハグして、「あなたはママ・ゲーリッグのお気に入りだったんでしょうね」と言った。自分の口から出てきた言葉に驚きつつも、私はなぜかそれが真実だとわかった。ケンの少年っぽい笑顔を見ると、私は一瞬自分がママ・ゲーリッグになったかのような――自分よりずっと若い、親しい友と話しているかのような気がした。その夜、私は車を運転してホテルに向かう途中に考えた。ひょっとしてケン・ホーキンスは、最後の過去生退行で私が言っていた、もうひとりの少年だろうかと。

ロサンゼルスへ帰る予定の前日、ようやく宿泊先のホテルにスーツケースが現れた。そして運の良いことに、クリスチャンのゆらゆらの歯も、それと同じ日に抜け落ちることを選んだ。彼はその週ずっと、歯の妖精はちゃんとサメの歯を見つけてコネティカットまで持ってこられるかな、と言っていたのだ。ありがたいことに、妖精はちゃんと見つけてくれた。そして午後になって、その週ずっと私を温めてくれていたダウンジャケットのポケットに手を突っこんだら、悦しきかな、電話番号が手書きされた給与明細書が出てきた。その番号に電話をかけると、応対した気さくな声の主が、給与明細に記載された名前の女性は自分の姉妹だと言った。私はジャケットをお返しして親切な行為に感謝したい旨を言い、送り先が給与明細書の住所で合っていることを確認した。そして郵便局に寄ってジャケットとお礼状を送ると、ミッション完了と感じた。

空港に向かう途中、私たちは時間を捻出して、ニューヨーク州ニューロシェル市、メドウレーン九番にあるゲーリッグ家の住居を訪ねた。前年の夏に案内してもらった家に車で近づいたとき、まず目にとまったのは、雪に覆われた庭に立つ「売り出し中」の看板だった。玄関をノックすると、ジミーとマリソルが力強くハグをして出迎えてくれた。ふたりは私たちを中へ通すと、家のショートセール〔訳註：家主のローン返済が困難になり、債権者の決断を経て、ローン残高を下回る額で家を売却すること〕にサインするところだと言った。私が近所の似たような住宅で最近の売却額を調べてみると、気になることに、ジミーとマリソルは現在の市場価値の半額で家を売ろうとしているとわかった。私はジミーには障がいがあり、ケガのせいで働けないことを知っていたので、家を維持できるようローン変更の申し込みを手伝うと申し出た。どうか彼らの不動産代理人が、この家を市場価値より三十万ドル低く売却するのは、顧客にとっても多大な貸付金を抱える銀行にとっても、最大の利益にはならないと理解してくれればいいがと願いつつ——とりわけこの美しい家は、ルー・ゲーリッグがとても自慢にしていた物なのだから。

ルーは記者にこう語っている。「この家を見たのは、一九二七年九月です。その場ですぐ惚れこんでしまいました。私好みの家だったんです。あの木々を見てくださいよ。本当に大きくて、本当の森の樹木です。セントラルパークで見るのよりも大きいんですよ。部屋は八つか九つあって、三階建てで地下室があります。まさにこういうのが欲しかったんです」

コネティカット州で過ごした時間により、私はママ・ゲーリッグに感じていた絆がさらに強まり、まるで彼女が自分の家族になったかのような気がした。私の知ったママ・ゲーリッグは、逆境に直面しても真のヒーローだった。過去生退行中、私は彼女が息子の死後に深い喪失感を味わっているのを感じていた。でもこのときは、彼女が人生最後の日まで抱いていた野球少年たちへの愛と、少年野球の擁護を通じて見出した喜びも感じたのだ。ママ・ゲーリッグはリトルリーグが大好きで毎試合観戦し、それと同じくらい少年たちも彼女がいてくれるのが大好きだったということは、心でわかった。私は自分が生まれる十三年前に亡くなったこの女性との、この世のものとは思えない出会いによって確信した。魂は永遠であり、愛はひとつの人生を超えるということを。

第23章 百八針の縫い目

「私たちが探求をやめることはない。
そして探求の終わりにはつねに出発点に帰着し、
その場所を初めて知ることになるだろう」
『リトル・ギディング』(『四つの四重奏』岩波書店、他)
T・S・エリオット著

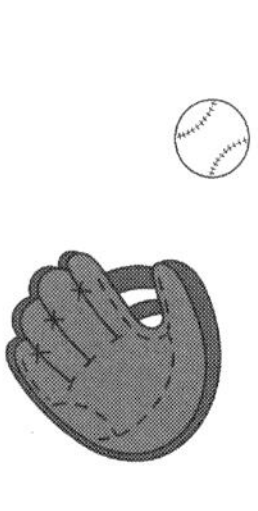

陽光のまぶしい南カリフォルニアに戻ると、ありがたくも氷点下の東海岸から解放された。激しい冬の嵐のため、クリスチャンと私は予定から一日遅れで、リトルリーグ開幕日の前夜にどうにか帰宅できた。この日は一年の中でも、私のお気に入りとなっていた日だ。おとなの競技をする子供たちにとって球場に行くことは、まさに一九三九年のリトルリーグ第一戦からずっと、宗教的体験にも似た何かでありつづけている。そしてこの日も例外ではない。今や六歳になっていたクリスチャンは、この通過儀礼に参加する四度目のシーズンに乗り出そうとして

いた。親にとっても子にとっても同様に、リトルリーグのシーズン幕開けは、この先に何が待ち受けているのだろうと、希望に満ちた予想をかきたてる。この春クリスチャンが着るユニフォームには、黒地に大きなオレンジ色で、ジャイアンツの文字が胸元にくっきり入っていた――忠実なドジャースファンとしては、いくらか罪ではある。しかし彼は、チームメイトも誇りを持ってそれを着ると知って、自分もそうした。

土曜朝の八時前までに、四人家族に着替えをさせて外に出すのは、まったく楽な仕事ではない。けれど前夜に三時間早く戻ってきていたおかげで、私にとって事は順調に運んでいた。クリスチャンが靴紐を結ぶ定番の場所である、階段の一番下の段に腰をおろすと、私はスパイクの紐を二重に結んでやり、その日の朝にキップ監督が送ってきてくれたメールを読んで聞かせた。

「クリスチャンに伝えてほしい。素晴らしい一日を。フェアプレー、頑張ること、絶対に諦めないこと、それにつねに楽しむことを忘れないように」

キップの励ましの言葉により、私はクリスチャンの不安が和らぐよう願った。彼は自分より多くて三つ歳上の選手たちと、キッド・ピッチ部門［訳註：コーチがピッチングマシンを使って投げるのではなく、子供が実際に投球する］でプレーすることになっていたのだ。

野球場までの短い道中、クリスチャンが車の中で私たちに言った。三年生を相手に投げるのは全然緊張していないけど、自分よりずっと年上で強い相手投手の投げた球が、デッドボールだったらと思うと身がすくむんだと。開幕式の前、マイケルとシャーロット、クリスチャン、そして私は、地元のロータリークラブが出してくれたパンケーキの朝食をごちそうになり、それからプロの写真撮影ブースに行って、集合写真の撮影のために集まったクリスチャンのチームメイトに会った。

朝食がすんでメインのグラウンドに行くと、四歳から十三歳の何百人ものリトルリーガーたちが、開幕式に備えて集合していた。クリスチャンと私はジャイアンツチームと座り、シャーロットとマイケルは観客席から見物した。リーグ会長が皆に話しかけるため、本塁に置かれたマイクの前に立つと、興奮した観衆のざわめきが静まりかえった。少年たちは彼に倣って帽子を脱いで胸にあて、その間、仮設の音響システムから国歌が流れた。会長は国家が終わると、アメリカ野球殿堂入り監督、トミー・ラソーダを紹介した。

トミーが観衆に話しかけるためマイクのところに行くと、拍手と喝采が響きわたった。彼が誰なのかわからなかった子供たちさえも、親や監督の顔に浮かぶ畏敬の表情を見て、これが特別な瞬間だということを察した。

「神さまが私たち一人ひとりを地上に置いたのは、それぞれが他の誰かを助けるためだと、私は信じています」と、トミーは言った。「野球は他の人を助け、団結する競技であって、自分ひとりでは勝てません。野球は団体競技であって、九人が助けあわないといけません。あなたが野球界一のピッチャーになれても、誰かが点をとってくれないと、試合には勝てないのです。私は犠牲バントの考えが大好きです――全体にとっての良いことのために、自分は諦めるということですね。自分自身にとっての良いことを、全体にとっての良いことの中に見つける。自分個人の達成感を、グループの成功の中に見つけるということです」

トミーは真剣で、子供たちの顔をまっすぐ見つめて話を続けた。

「私たちの国の未来は、きみたちの手の中にあります。きみたちはグラウンドに出て、チームメイトたちとこの美しい競技《ゲーム》をしながら、残りの人生で役に立つスキルを学んでいるのです。どう指示に従えばいいのか、どうすれば他の人たちと歩調を合わせていけるのか、ルールに則ってプレーするにはどうしたらいいのか。それを学んでいるのです」

トミーは心打つスピーチを、こう言ってしめくくった。「親を敬いなさい。とくにお母さんを。お母さんがすべてを可能にしてくれるのだから」

クリスチャンが笑顔で私をちらりと見て、私は彼の肩をギュッと抱きしめた。そうする間に、トミーはその点をさらに徹底して言った。

「親に捧げなければならないふたつのもの、それは愛と敬意《リスペクト》です」と言って、皆に大きな声で聞いた。

「あなたが親に捧げないといけないのは、何ですか」

返事が充分に大きくなくて、トミーは言った。「聞こえませんよ。あなたが親に捧げないといけないのは、何ですか」

皆が一斉に大声をあげた。「愛と敬意！」

トミーは返事に満足して、マイクをリトルリーグ会長に返した。そして会長がリトルリーグ宣誓を唱えた。

「私は神を信じます。国を愛し、その法律を尊重します。公平なプレーをし、勝てるよう努力します。けれども負けても勝っても、つねにベストを尽くします」

それが言いおわらないうちに、別の声がスピーカーから鳴り響いた——私たち家族にとって、親しい友のように耳になじんだ声が。

「私は十六年間、球場の上で生きてきました……」と、ルー・ゲーリッグの声が流れたのだ。バチバチというノイズの混ざった録音で、忘れもしない一九三九年のあの日、ヤンキースタジアムでおこなわれた引退スピーチだ。

ルーの声が聞こえるなり、クリスチャンは目をまん丸にして私を見た。

「……ファンの皆さんからは、優しさと励ましばかりもらってきました。教育を受け、また身体をつくれるように、一生懸命働いてくれる父親と母親がいるとき——それは恩恵です。この二週間、皆さんは私の不運について書かれたことを読まれたでしょう。今日、私は自分を地上で最も幸運な男だと思っています。不運を与えられたかもしれませんが、本当に多くの生き甲斐を得てきたのです」

こんなことってありえる？　私のその思いを、クリスチャンが鏡で映したように言葉にした。「信じられない！」。私の腿の上に跳び乗るようにして座った彼を、私は固く抱きしめた。この瞬間の意義に、私たちふたりともちゃんと気づいたのだ。

その場に集まっていた大勢の人々が散らばっていき、私たちは、クリスチャンのシーズン初戦が始まろうとしているグラウンドへ向かった。母とそのボーイフレンドのデニス、それにシンシアおばさんも含む、私たち家族や友人が観客席で座っていると、そこにトミー・ラソーダも加わった。クリスチャンのチームは、私が一番好きじゃない監督に立ち向かおうとしていた――試合中にクリスチャンをなぎ倒し、結果的に首にケガを負わせた息子の親だ。その監督が一塁に向かって歩いていくとき、私と目が合った。私は彼に笑顔で手を振った――トミーの感動的なスピーチに感化されたのだ。意外にも、監督はにっこりほほ笑み返してきた。そのさりげない意思表示で、この男へのわだかまりも消えた。

クリスチャンがマウンドにあがり、第一球を力強く投げたとき、私の胸は感謝で溢れんばかりだった。明らかに、私がずっと探し求めていたすべてがまさに目の前にあった。私は気づいたのだ。過ぎゆく季節《シーズン》の浮き沈みを、家族や友と分かちあうことに勝る喜びはないと。戦ったことや学んだ教訓のほうが、勝利よりもずっと意義がある。人生であれスポーツであれ、新たなシーズンの始まりは、いつだってすぐそこにあるのだから。

野球ボールの縫い目が百八針で、数珠の珠が百八個なのは、きっと偶然じゃない。野球は差別をせず、同じ神さまを信じなくても同じチームにいられる。野球は勇気と強さ、そして品性の競技であり、おとなの男を泣かせることもある。簡単そうに見えても、心が折れるくらい難しい。準備と努力と粘り強さが報われるとは限らないが、それがなければかならず三振に終わるということは、本塁の後ろに立ったことのある誰もが知っている。野球は失敗を受けいれる競技であり、三分の二の割合で三振がとれれば、上出来と見なされる舞台だ。かつてヤンキース監督だったジョー・トーリは、自分自身の失敗談を頻繁に選手たちに言って聞かせた。首位打者のタイトルを獲得して、わずか一年後に打率が九分落ちたシーズンについて、そしてあるときは一試合中に、打った球が四回ダブルプレーに終わった経緯について語った。人間は失敗する。でも超人は、失敗の後に再び立ちあがる選択をするのだ。

母親になることでこの上なく不思議や疑問を感じさせられ、親として人間として限界の奥底まで見させられるなんて、私はまったく想像していなかった。スピリチュアルに生きるということは、かならずしもヨガマットの上や、教会や寺院の中で座っていることとは関係なかったのだと、つくづくわかった。それはいいことだし、自分のバランスをとるのに役立つこともある。けれどもスピリチュアルに生きるということは、それをはるかに超えることだ。自分自身の深みに触れ、ゆるす勇気と、慈悲と優しさを持って行動する勇気を見つけることなのだ。たとえ向かいに座っている誰かに自分自身の闇を刺激され、その人を痛めつけたくなるような瞬間でもだ。リトルリーグの球場で、誰かがわざと自分の子をケガさせるのを見ても、怒りよりは愛を持ってその状況に応じることなのだ。私は子供を危険にさらすべきだとか、他人に踏みつけられても甘んじて受けいれるべきだとか言っているのではない。良いときも悪いときも、自分自身と他者を尊重することで真に変化を起こせると、自分の光を輝かせながら相手のこともう少し明るく輝かせられると、そう言っているのだ。つまるところ、それは別に野球のことではなかった。人生というゲームについてだった。

エピローグ

宇宙からのウインク

「誰かの人生に影響を与えてこそ、人生に意義がある」
ジャッキー・ロビンソン
（近代ＭＬＢで初のアフリカ系アメリカ人選手。ＭＬＢにおける人種差別撤廃に大きく貢献した）

二〇一五年のあのリトルリーグ開幕日から、二年が過ぎた。あそこが、そろそろ私たちの物語を終わりするふさわしい場所に思えた。それはあの日が私たちの人生にとって、新たな章の始まりとなる節目だったからだ――そこからは、クリスチャンがルー・ゲーリッグとしての人生を自然と回想するのが、遠い昔の記憶になっていくのだ。それはまるでようやく天使ライラが現れて、彼の上唇を押さえて「シーッ」と囁いて、彼を過去の記憶から解放された新たな人生に導いたかのようだった。

二〇一五年の春、クリスチャンと私は、共通の友人から私たちの話を聞きつけたという映画プロデューサーと、ソニー・ピクチャーズで面談をした。プロデューサーは、ルー・ゲーリッグについて彼に簡単な質問をした後、「ルー・ゲーリッグは今日も生きている？」と聞いた。クリスチャンが自信たっぷりに、「うん」と答えたとき、私を含めてその場にいた誰もが驚いた。私たちが黙って様子を見守る中、プロデューサーはクリスチャンとの会話を冗談まじりに続けた。

「どこにいるんだい？」

「ここに」

「ここのどこ？　この部屋の中とか？」

クリスチャンはうなずき、シャツの襟もとから右手をスッと下におろして、じかに胸にあてた。「ぼくのハートの中に」

このひと言は、この日に至るまで私たちがいかに、ルーとクリスティーナ・ゲーリッグに心を動かされたかを、完璧にまとめあげていた。クリスチャンは今もまだ、ルーとママ・ゲーリッグの写真を、自分のベッド脇の本棚に飾っている。そしてシャーロットは今もまだ、ベーブ・ルースのことで弟をからかう。ルーとクリスティーナ・ゲーリッグは私たちの名誉家族となり、彼らに対する私たちの愛情は、亡き愛する人に抱く感情にとても似ている。たとえ肉体としての存在がなくても、つながりはこれからもずっとあるのだ。

二〇一五年の夏、私はシャーロットとクリスチャンを連れて、ニューヨーク州クーパーズタウンを再び訪れた。セペダ兄弟による二週間の野球合宿に参加するためだ。ゲーリッグ家の文書を調べ尽くしたいという私の衝動は、クリスチャンの過去生記憶とともに消え去っていた。私たちの物語は完結していて、この旅の間にアメリカ野球殿堂図書館に行く唯一の目的は、トミー・ラソーダの本のサイン会だった。それとその後の、この大好きな殿堂入りの偉人とのランチだ。その夏、トミーはクリスチャンのオールスター戦にかならず現れていて、彼のベンチでの叱咤激励には、親も子も同様に歓喜した。

野球殿堂を出ようとしたとき、ロビーに置かれた三体の等身大の銅像の前で、トミーおじさんが立ちどまった。銅像の横の壁には、「品性と勇気」と書かれた掲示があった。トミーはその三人の男の名前を、シャーロットとクリスチャンに読んで聞かせた。「ルー・ゲーリッグ、ロベルト・クレメンテ、ジャッキー・ロビンソン。いいか？　この三人の男たちの銅像は、殿堂に入ってきまず目に入る。なぜかわかるか？」。少し間をおいて、トミーは続けた。「なぜなら、この三人は史上最高の野球選手だったことに加えて、身をもって勇気と品性を示したからだ——グラウンドの中でも外でもだ。品性っていうのは、自分が扱ってもらいたいように他の人を扱うということ。つまり、正しいことのために立ちあがる勇気、間違っていることに対しては声をあげる勇気を持ち、すべての人に敬意を示すってことなんだ」。その日のトミーの話で、ルー・ゲーリッグとトミーに対する私たちの敬意と憧れは、いっそう深まった。

その二〇一五年夏の二週間の東海岸旅行で、私たちはニューハンプシャー州へ車で足をのばした。夏の別荘に滞在中だったケン牧師とその素敵な夫人、マリリンに会うためだ。ついにケン本人に会って、ママ・ゲーリッグ遺贈の家宝から得た収益で購入したコテージを見られると思うと、私は胸が弾んだ。待ちあわせの湖畔のレストランで、ケン牧師は簡単に見つかった。青いボタンダウンの下に、聖職者用の襟をつけていたからだ。私がこの心優しい男に感じたつながりは、何か近しいものだった。彼は私の着ていたかぎ編みのセーターが、ママ・ゲーリッグがつくりそうな物を連想させると言い、ふたりで声をあげて笑った。

ランチの後は、最高に美味しいアイスクリームを食べに乳製品の店に寄り、ミニチュアゴルフで一ラウンドし、そしてミニ・フェンウェイパークに似せてつくられた、森の秘密のグラウンドで野球をした。大きな緑色の外野フェンス奥にそびえるシットゴー社の看板が、『俺のムスコ』の撮影で野球をしたグラウンドにそっくりで、クリスチャンもすぐにそれに気づいた。ここでケン牧師は捕手をし、クリスチャンとシャーロットは代わり番こで打った。その後はこの訪問のクライマックスである、ケンとマリリンの素敵なコテージ案内だ。それは木々に囲まれた湖を大きく見渡す絶景の丘の上にたち、便利なことに、オールトンベイ・キリスト教会議場に隣接していた。ケンが夏の間、客員牧師として奉仕する場所だ。ケンとマリリンの丁重なもてなしを、私たちはいつまでも覚えているだろう。そしてミニゴルフに勝ったのが誰だったか、シャーロットは絶対に忘れさせてくれないだろう。

その夏の東海岸旅行のしめくくりは、ニューヨーク州ニューロシェル市メドウレーン九番――ルー・ゲーリッグがヤンキースと一大契約をした一九二七年に購入した家――でのバーベキューだ。目下の家主である友人のジミーとマリソルが、私たちの訪問を祝して、自分たちの友人や家族も招待してひらいてくれた。シャーロットとクリスチャンが木に登ってホースで水かけっこをする傍らで、この家の裏庭に腰をおろして食事やおしゃべりをするなんて、幻想的な体験だった。どうもなじみがあるような、一世紀近く前にママ・ゲーリッグが住んでいた頃の、彼女評判のおもてなしを彷彿とさせるような、そんな場面だった。

二〇一六年の夏、私はこの本を書きおえるつもりで、ニューヨークのクーパーズタウンに戻ってきた。クーパーズタウン野球キャンプ場で七月の一か月間、エアコンつきのキャンピングカーを、週ほんの四百ドルで借りた――大人気の野球殿堂入り授賞式の週末なら、道路沿いの安めのホテルでも一泊分の値段だ。家族が南カリフォルニアに残り、クリスチャンのオールスター・チームが、七歳用のポニー・ワールドシリーズに勝ち進むのを観戦する間、私は森の中のキャンピングカーで、日に十時間から十六時間書いた。クリスチャンとチームメイトのエイデンは、その夏ワールドシリーズまでの三十九試合の途中で、完全試合をするというかなりの偉業を成し遂げた。最後の試合を終えると、クリスチャンはニューヨークに来て私に合流し、七月後半の二週間、クーパーズタウン野球合宿に参加した。そして私は奇跡的に、旅のまさに最終日に、どうにか原稿を書きおえた。ニューヨークに滞在中、彼をヤンキースの試合に連れていきたいのはやまやまだったが、差し迫る締め切りのプレッシャーから、私は昼も夜もコンピュータに貼りついていた。

ロサンゼルスに戻るつもりで、私たちはオールバニ空港でチェックインした。ところが神さまは、私たちに別の計画を用意していた。シャーロット空港を経由してロサンゼルス行きの便に乗り継ぐはずだったのに、接近中の雷雨のため、シャーロット空港行きの便がキャンセルになったのだ。ゲート係員が、自費でホテルに部屋をとって朝に戻ってきてください、と言ったまさにその瞬間、私たちの横のカウンターにいた夫婦が、フロリダ州タンパベイ行きの搭乗手続きをしていた――その日、オールバニ空港から出る最終便だ。携帯を使って急いでグーグルで調べると、タンパベイのホテルはオールバニの半額だった。そこで私は、サポートしてくれていたゲート係員に、「タンパベイ経由にルート変更できるでしょうか」と聞いた。はたせるかな、気がつくと私たちはタンパベイ行きの飛行機に乗っていて、翌朝ロサンゼルス行きの第一便に乗り継ぐことになっていた。ホテルのシャトルバスの運転手が、クリスチャンが全身野球ルックできめているのに気づいて、「この週末はヤンキースが来てますよ、タンパベイ・レイズと試合でね。明日が今回の最後の試合です。チケットはいつもたくさん余ってますよ」と言った。すると、クリスチャンの表情が笑顔で輝いた。「ママ、行きたい。ダメ？」

ホテルについたときは深夜近くで、クリスチャンはすぐ眠りについた。そして午前四時、ほんの一瞬に思えるほどあっというまにモーニングコールが鳴った。私は急いでシャワーを浴びて空港に戻る支度をするよりも、観戦に行くべく航空会社に電話をして、飛行機の予定を一日遅らせられるか確認することにした。数時間後にクリスチャンが目を覚ますと、家に帰る代わりに、ヤンキース対タンパベイ・レイズ戦を観にいくと知らせて驚かせた。その喜びようは私が見たこともないほどで、彼は両チームの全選手の名前と守備位置を言いだした——プレイステーションのMLBゲームで、何時間も仮想野球をして獲得した技だ。ウーバーで呼んだ車に乗りこむと、クリスチャンは、「親愛なる神さまへ——どうかレイズのエバン・ロンゴリアに会わせてください！」と言った。

スタジアムのメインゲートへは車両乗り入れが禁止だったので、私たちは横の入場口で車を降ろされた。この屋根つきスタジアムのエアコンの効いたコンコースに入ると、まずルー・ゲーリッグの大きな額入り写真が目に入った。慈善活動のくじ引きの賞品になっていたのだ。もちろん私は、運試しに応募しないではいられなかった。そして次に起こったことは、私たちふたりとも絶対に忘れない。座席に向かっていると、ルー・ゲーリッグが「最も幸運な男」のスピーチをする様子が、大スクリーンに映し出されたのだ。本塁近くの演壇に立った男性がルー・ゲーリッグの有名なスピーチを読みあげると、すぐにこの事情がわかった。どうやら私たちは、ALS啓発日のためにルー・ゲーリッグを称えて試合前講演をしているところに、ちょうど入ってきたのだった。気づけば私たちは、来るはずのなかった街にいて、ヤンキース戦を観る準備をしていて、そしてルー・ゲーリッグのビデオが大スクリーンで流れていた。これは夢じゃないと自分自身に証明できるように、私はすぐにビデオカメラを取り出して録画を始めた。

試合前のセレモニーが終了すると、私たちはグラウンドでウォーミングアップをする選手たちをもっと近くで見ようと、ベンチのほうへ降りていった。するとどこからともなく男の人が現れて、クリスチャンをタンパベイ・レイズのスター選手、エバン・ロンゴリアに紹介してくれたのだ――クリスチャンが会いたいと祈っていたのと、同一人物のエバン・ロンゴリアに。その男の人がくれた名刺には、サイン入り野球ボールを世界一多く――合計で四千四百個以上――所有することでギネス世界記録を持つ、と書かれていた。クリスチャンが、「ルー・ゲーリッグのサイン入りボールは持ってる？」と聞くと、男の人はすかさず、「もちろんだ。ルー・ゲーリッグのサイン入りボールは四つ持っている」と答えた。ちょうどそのとき、エバン・ロンゴリアが私たちのところにやってきたのだ。彼がボールにサインをしてクリスチャンにポンと投げ渡すのを、私はビデオに収めた。この日は一気に、クリスチャンにとって人生で最高の日になりつつあった。最後にはくじ引きに当選してルー・ゲーリッグの額入り写真をもらい、そして試合後には、その賞品を持ってヤンキース・ベンチの前で記念撮影のポーズを決めたと聞いても、きっと驚きではないだろう。私は球場でのこの記念すべき日を、宇宙からのウィンクだと思っている。

他ならぬこのタイミングで宇宙からウィンクされた意味が、私にはちゃんとわかった。自分たちの物語を世の中と分かちあうという決意の旅を始めてから、私はずっと苦悩していた――本当に苦悩していたのだ――はたして自分は正しい決断をしているのだろうかと。この本を書けば、私の一番大切な人々を傷つけるかもしれないということは、初めからわかっていた。シャーロットとクリスチャンの日常生活に及びうるマイナスの影響について、私は延々と思い悩んだ。けれどタンパベイでのこの運命的な日、自分がしかるべき道を進んでいると太鼓判を押されたような気がしたのだ。恐怖は解け去り、その日以降は、私たちの物語を読んだ人の人生に、どんなプラスの影響があるかに意識を集中した。願わくば人々がこの本を読んだ後に、もう少し愛そう、善悪を決めつけるのをもう少し控えよう、そして日々を存分に生きるアドベンチャーを大切しようと、そんな気持ちになってくれたらと思う。なぜ野球ボールの縫い目が百八針なのか、なぜ数珠が百八珠なのか、私は説明を見つけられなかったけれど、シカゴ・カブスが百八年ぶりにワールドシリーズで優勝したときは、たしかにお祝いした。私に確実にわかるのは、今回の人生で本当に大事なことはただ、私たちが誰かの人生に起こすそんな変化だということ。

どんなときも、愛が解決策になる。

謝辞

「シンクロニシティや、あなたの日々の人生に接する人々に、注意を払うように。
あなたを道の途中で助けてくれる天使かもしれないから」
ウェイン・ダイアー博士

地上の天使ともいうべきある特別な三名がいなければ、本書が存在することはなかっただろう。それはカリン・ガットマン、ミラ・ケリー、そしてウェイン・ダイアー博士である。

まずもの書きの師匠である、カリン・ガットマンに感謝の言葉を送る。二〇一四年の夏、jenslist.com に出ていたカリンの広告、「あなたの物語を解き放とう」という執筆ワークショップに反応したことが、おそらく私にとって最も人生を変えた決断だ。ワークショップは、「あなたならではの旅を反映する物語を解き放ちます」と請けあっていたが、たしかにそのとおりとなった。素晴らしく有能なクラスメイトたちにも、心から感謝を送る。彼らは私が作家としての声を見つけ、勇気を奮い起こして世の中に私たちの物語を伝える力になってくれた。それにマウイ島でのヘイハウス作家ワークショップに出るよう提案してくれたのはカリンで、それがきっかけとなり出版コンテストで勝ったのだ。

その次に、まさにしかるべきタイミングで私の人生に射しこんできた一条の光は、ヘイハウスの作家であり、過去生退行セラピストであるミラ・ケリーだ。ミラは神さまと直通電話でつながっているようで、彼女のおかげで私たちの物語はウェイン・ダイアー博士の目にとまったのだ。二〇一五年一月、ミラは南カリフォルニアの私たちの自宅に来て、クリスチャンがルー・ゲーリッグとの結びつきを手放せるよう、過去生退行セッションをしてくれた。ミラの訪問以降、クリスチャンが呼吸治療で医者にかかったことは一度もない。これは過去への旅で得た最大のギフトのひとつだ。そして道中の一歩一歩に愛と支援を注いでくれたミラのアシスタント、タムラ・エドガーにも格別の感謝を送る。

本書を誕生させた三番目の立役者である魔法の存在は、もう肉体にはいない。けれど彼の存在は、私たちの物語の周りで起こり続ける奇跡やシンクロニシティをとおして、かつてないほど感じた。私がウェイン・ダイアー博士に出会ったのは、二〇一五年六月、マウイ島でのヘイハウス作家ワークショップで、博士が亡くなる二か月前のことだった。当時、彼はディー・ガーネスとの共著『天国の記憶』の最終的な仕上げをしているところだった。ヘイハウス社のレイド・トレイシーとパティ・ギフトをして、作家として経験も土台もない私に賭けてみようという気にさせたのは、ウェインの熱意だった。

本書が出版に至るまでの道中で、すべての曲がり角で本の天使としていてくれた友人たちにも触れておきたい。その凝縮版リストにいるのは、洞察力溢れる広報役のマイケル・レヴィーンをはじめ、次の友人たちだ。クリストファー・ブロートン、デヴォン・フランクリン、シンシア・ダール、メラ・コンウェイ・ブレイジョ、キャサリン・ワーナー、メリッサ・オッペンハイマー・フリードマン、リサ・フガード、ナターシャ・ストイノフ、シャーリー・ブルーク、ブリジット・ペロー、キャサリン・サラ・マナ、ロン・ローゼン、レイチェル・ローズ・ブレック、アルヴィンとグウェン・クレイトン、キンバリー・ルイク、エリザベス・マクドネル、ベッツィー・ミショー、ジュリー・ロドリゲス、マリア・スプロール、アンジェロ・アナスタシオ、アリナ・シャレグ、レオン・カペタノス、ロンダ・フィンケル、アン・バックリン、ゲーリー・ハドソン、レイド・ネイサン、ステイシー・モーガン――ケイン、スティーヴ・ライオンズ、キャシー・ウィルソン、カイサ・ガレット、ステフ・アーノルド、ベス・ベル、ジーナ・ミュジカ、ミッキ・ウィリス、パティ・オーベリー、タミー・アンクゾク、ジェンタ・ラディ、リンダ・ヒューイ、ディー・ガーネス、セレーナ・ダイアー、ゾーイ・コース。

バリ島ウブドにある〈ヨガ・バーン〉のことは絶対に忘れない。世の中を光と愛で照らすべく同様の覚悟を決めた作家三十名とともに、ここで一か月を過ごし第一稿を書いたのだ。私にとってバリのもの書き姉妹である、サチ・ロイヤース、ジョディ・ハイメス、ケイティ・ラドマン、そして素晴らしいホスト役のアリト・〝アグン〟・スメルタには、特に感謝している。それに私が不在の間シャーロットとクリスチャンを楽しませてくれたドイツの交換留学生、マックス・ローレンツにも大いにありがとうを言う。

クリスチャンの野球愛を育んでくれた、素晴らしい少年野球コーチ陣にはとくに感謝している。ニック・クープ――三年間ずっと彼の主なコーチ兼助言者でいてくれたことに、一番の称賛を送る。あなたがグラウンドの内外を問わずクリスチャンにかけてくれた膨大な時間は、本当に貴重だ。けれど最もありがたいのは、つねに楽しくやらせてくれたことだ。それにジェイ・ルーカス監督とその妻である、超人的野球ママ、キルスティンにも感謝の言葉を送る。彼女は「野球が何だっていうの。ここでは若い男のしつけをしてるのよ！」という表現を生んだ本人である。そして私たちがこの間知りあった、大好きな素晴らしき野球家族の皆にも感謝を送る――そこにはあなた、ハリス・〝ポップス〟・スタインバーグも含まれている。

出版の締め切りをかなり気にせざるをえなかったとき、じっと耐えてくれた不動産客たちの揺るぎないサポートがなければ、絶対にこの本は書きおえられなかった。とくにグレースとマサキ・マツオは、エスクローが最終締め切りの真っただ中にあたってしまった。また〈コンパス〉不動産の同僚たちや怖いものなしのリーダーたち、ロバート・レフキン、ジェイ・ルーベンスタイン、キャシー・メイリンガーにも非常に感謝している。

私がパートナーを組みたかった唯一の出版社、ヘイハウスの類まれなる人々に、最大の敬愛を送る。ヘイハウス・チーム全体の愛と感性に、とりわけ私の才能豊かな編集者、サリー・メイソン——シュワブに感謝している。そしてパティ・ギフト、レイド・トレイシー、ステイシー・スミス、ステイシー・ホロウィッツ、リッチェル・フレドソン、マーレーン・ロビンソン、ジョー・バージェス——私の本の熱心な擁護者でいてくれて、ありがとう。そしてもともとの表紙をデザインした99designs.comと、もっと良くして新版をつくってくれたトリシア・ブライデンタルにも、心からありがとうを言う。パメラ・ホーマンとキャロライン・ディノフィアの芸術的な貢献にもとても感謝している。そして優しいダイアン・トーマスへ、私たちは一冊の本で使う写真の公開許可と使用許可において、何かしらの記録を破ったに違いない。

私たちの人生に触れた人々について書くことを、寛大にも許可してくれたすべての人へ、ありがとう。あなた方のサポートがなければ、私は何も書くことがなかった。この実在のスーパーヒーローたちは、次の人々である。ジム・B・タッカー博士、トミー・ラソーダ、師ケニスとマリリン・スティグラー、イエルン・デ・ウィット、ケニス・B・ホーキンス、キャロル・ボーマン、ジミー・フィジーノグリア、マリソル・ロペス、キップ・テイラー監督、リアノン・ポットキー、トレイシー・ラパン、従妹のリーアン・ウォルク（エピック・ヨガ）、姉妹のローラ・ヒックマン（と、その母のソニア・バード）、ジョー・マクドネル、ベン・マラー、デビー・テート——バルトウ（B夫人）、アダム・サンドラー、ジェシ・ムーア、ケビン・グレイディ、デニス・フォーリー、アリとマルコム・セペダ、ジュリとドウェイン・シャラット、マット・ローゼンバーグ、ジョン・ホーン。マーク・J・テリル、ジョン・スーフー、エド・ロベンホーファーへ——ドジャースタジアム始球式でのクリスチャンの投球を見事にとらえ、不朽の写真として収めてくれてありがとう。またアメリカ野球殿堂、ロサンゼルス・ドジャース、ウィルソン・スポーティング・グッズ、そしてメジャーリーグ・ベースボールにも感謝している。

　ジャック・キャンフィールド——あなたの寛大な精神には驚かされます。そしてあなたは私に毎日元気をくれています。私が自分自身を信じた以上に私のことを信じてくれて、ありがとう。あなたとあなたの驚異的なチームは、まさにしかるべきタイミングで私の人生に現れてくれた。忙しいスケジュールの合間に無名作家の本を読み、応援の言葉をかけてくれた、この光の働き手たちにも感謝している。そしてエベン・アレクサンダー医師、カレン・ニューエル、ジョン・グレイ、ブライアン・ワイス博士、マイケル・バーナード・ベックウィズ、マイク・ドゥーリー、シェファリ・ツバリ博士、ロバート・ホールデン、ジェームズ・ヴァン・プラグ、ミラ・ケリー、エリオット・ミンツ、マーク・ランギル、トミー・ラソーダ、ありがとう。

私の両親、ジュディとリチャード・バードへ——私が世の中で成したどんな善も、あなた方がいたからこそです。私を導く光でいてくれて、ありがとう。マイケルへ——母親になるという一生の夢をかなえさせてくれて、そして私が翼を広げてはばたけるよう元気をくれて、ありがとう。シャーロットとクリスチャンへ——私があなたたちに抱く愛は無限です。あなたたちの母であるという贈りものに、そしてあなたたちが私の人生にもたらす無類の喜びに、ありがとう。私はいつまでもあなたたちの一番の大ファンです。

天の神に、人生というこの素晴らしいアドベンチャーの創造主に、永遠に感謝します。

〈著者〉

キャシー・バード

住宅不動産仲介業者であり、2児の母。2歳の息子が1920年代から30年代にかけて野球選手だったと語りだすまで、作家になりたいなんて思ったこともなかった。南カリフォルニア生まれ。UCLA卒、ペパーダイン大学でMBAを取得。不動産屋になる前は、スポーツマーケティングの世界で10年のキャリアがあり、マジック・ジョンソン財団でバイスプレジデントを務め、ワールドカップやオリンピック聖火リレー組織委員会に従事した。自由時間中のキャシーが最も見つかりそうな場所は、少年野球のグラウンド。

詳細、及び過去生退行の全書き起こしは、こちらまで。

cathy-byrd.com

〈訳者〉

釘宮律子

翻訳家。青山学院大学国際政治経済学部卒業、オックスフォード・ブルックス大学大学院にてコンピューターサイエンスを専攻、修士。訳書に『最高の人生を引き寄せるには自分を愛するだけでいい』『「夢をかなえる」自分になる』（共に大和書房）、『とんでもなく全開になれば、すべてはうまくいく』『私を変えてください』『ある瞑想家の冒険』（以上、ナチュラルスピリット）など。

ぼくはのっぽの大リーガーだった

前世記憶をもつ野球少年の、真実の物語

●

2018年7月7日　初版発行

著者／キャシー・バード
訳者／釘宮律子
装幀／斉藤よしのぶ
DTP／山中 央
編集／山本貴緒

発行者／今井博揮
発行所／株式会社ナチュラルスピリット

〒101-0051 東京都千代田区神田神保町3-2　高橋ビル2階
TEL 03-6450-5938　FAX 03-6450-5978
E-mail　info@naturalspirit.co.jp
ホームページ　http://www.naturalspirit.co.jp/

印刷所／シナノ印刷株式会社

ISBN978-4-86451-273-2　C0011

YANKEE STADIUM